近畿圏版 ⑧ **類似問題で効率のよい志望校対策を！**

大阪教育大学附属
天王寺小学校

ステップアップ問題集

2021
年度版

志望校の出題傾向・意図をおさえた豊富な類似問題で合格後の学習にも役立つ力が身に付く!!

●すぐに使える **プリント式！**　●全問 **アドバイス付！**

必ずおさえたい問題集

大阪教育大学附属天王寺小学校

お話の記憶	お話の記憶問題集 上級編、1話5分の読み聞かせお話集①②
図形	Ｊｒ・ウォッチャー48「鏡図形」
言語	Ｊｒ・ウォッチャー49「しりとり」
口頭試問	新口頭試問・個別テスト問題集
保護者	願書・アンケート・作文文例集500

全30問 収録！

日本学習図書 ニチガク

こんなこと…ありませんか?

「ニチガクの問題集…買ったはいいけど、、、
この問題の教え方がわからない(汗)」

メールでお悩み解決します!

- ホームページ内の専用フォームで必要事項を入力!
- 教え方に困っているニチガクの問題を教えてください!
- 確認終了後、具体的な指導方法をメールでご返信!
- 全国どこでも! スマホでも! ぜひご活用ください!

<質問回答例>

アドバイス

推理分野の学習では、後の学習に活きる思考力を養うことができます。ご家庭で指導する場合にも、テクニックにたよらず、保護者の方が先に基本的な考え方を理解した上で、お子さまによく考えさせることを大切にして指導してください。

Q.「お子さまによく考えさせることを大切にして指導してください」と学習のポイントにありますが、考える習慣をつけさせるためには、具体的にどのようにしたらいいですか?

A.お子さまが考える時間を持てるように、質問の仕方と、タイミングに工夫をしてみてください。
たとえば、「答えはあっているけど、どうやってその答えを見つけたの」「答えは○○なんだけど、どうしてだと思う?」という感じです。
はじめのうちは、「必ず30秒考えてから手を動かす」などのルールを決める方法もおすすめです。

まずは、ホームページへアクセスしてください!!

https://www.nichigaku.jp　日本学習図書　検索

目指せ！合格！

家庭学習ガイド
大阪教育大学附属天王寺小学校

入試情報

応募者数：男子 258名・女子 243名
出題形態：ペーパー・ノンペーパー形式
面　　接：志願者・保護者面接
出題領域：行動観察、制作、運動、ペーパーテスト（記憶・言語・数量・巧緻性・推理 ほか）

入試対策

親子の関係も評価の対象になったようで、2019年度入試から行動観察の課題として「親子活動」が加わりました。さらに試験中に保護者アンケートも実施されています。志願者には従来どおり、ペーパーテスト、行動観察が2日間に分けて行われています。ペーパーテストは、幅広い分野から出題されており、「お話の記憶」「数量」「言語」「巧緻性」「推理」などが男女ともに頻出の課題となっています。思考力重視の出題傾向をしっかりと把握しましょう。2020年度入試はさらにその傾向が強くなり、ペーパーテストの枚数自体も増えています。充分な準備が必要な入試と言えるでしょう。

- ●試験前の抽選は2017年度から廃止され、志願者全員が考査を受けることができます。
- ●当校の行動観察は、これまで「自由遊び」や「サーキット運動」などさまざまなものが出題されました。近年では男女とも、「ボール投げ」「リズム」「身体表現」といった競技色の薄い課題が出されています。
- ●2日目に実施された志願者・保護者面接では、遊びを交えたり、テスターとゲームをしながらといった独特の形式で行われます。控え室に集められた中から10組ずつが体育館へ移動し、そのグループごとに面接を受けるという形です。

必要とされる力 ベスト6

チャートで早わかり！

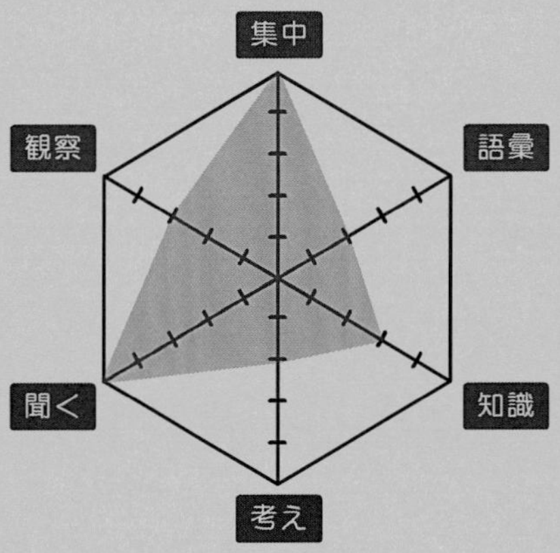

特に求められた力を集計し、左図にまとめました。
下図は各アイコンの説明です。

	アイコンの説明
集中	集　中　力…他のことに惑わされず1つのことに注意を向けて取り組む力
観察	観　察　力…2つのものの違いや詳細な部分に気付く力
聞く	聞　く　力…複雑な指示や長いお話を理解する力
考え	考える力…「～だから～だ」という思考ができる力
話す	話　す　力…自分の意志を伝え、人の意図を理解する力
語彙	語　彙　力…年齢相応の言葉を知っている力
創造	創　造　力…表現する力
公衆	公衆道徳…公衆場面におけるマナー、生活知識
知識	知　　識…動植物、季節、一般常識の知識
協調	協　調　性…集団行動の中で、積極的かつ他人を思いやって行動する力

※各「力」の詳しい学習方法などは、ホームページに掲載してありますのでご覧ください。http://www.nichigaku.jp

〈合格のためのアドバイス〉

ここ数年、当校の入試問題は毎年のように変化しています。以前のように解らなければとりあえず解答しておけばいいという内容から、じっくり考えること、言葉を理解してしっかりと対応することが求められるようになりました。

また、当校の対策は、お子さまと保護者の方、それぞれが必要と変わってきています。お子さまががんばっても、保護者の方によって残念な結果になることも起こりうる入試と言えるでしょう。

出題内容に目を向けてみると、今までとは解き方も出題方法も違う問題が出題されました。ですから、言われていることが理解できないと解答することができなかったと思います。このような問題の場合、いきなり難しい問題に取り組むのではなく、まずは、基礎的な問題をしっかりと身に付けた上で実践問題に取り組みましょう。

当校の対策の1番のポイントは、過去問題をよく読み出題意図を正しく把握することです。過去問全体を読んだ時に注目していただきたいのは、出題の観点が毎年のように増えていることです。例えば、昨年度の問題では「言葉の理解」、一昨年度は「思考力」が出題のキーワードとして読み取れます。しかも、関西では他校での類似問題はあまり見られない出題方法や問題であったという点を考慮すると、しっかりと基礎力を付けることがより重要となったと言えるでしょう。

昨年、不合格だった人の特徴の1つに、学校側の指示、出題をしっかりと理解し、対応できなかったという点が挙げられます。

保護者の方に目を向けると、近年、当校は保護者に対して強い姿勢と意識をもって対応しています。保護者の方の対策は、配布された文章をしっかりと読み、理解し、書かれてあるとおりにすることが求められます。

学校側は、個人の判断による、自分勝手な行動に強い危機感を抱いています。例えば、登校時の交通手段などです。自分だけはという考えから、自家用車を使用して当校するなど、身勝手な対応、言われたことを理解していない行動は特に嫌っています。

こういった点から、お子さま、保護者の方ともにに、しっかりと対策をとりましょう。各問題の観点などは、アドバイスをしっかりと読み対応してください。

〈2020年度選考〉

◆親子活動（考査2日目に実施）
◆ペーパーテスト
◆行動観察
◆指示画
◆行動観察・運動（集団）

◇過去の応募状況

2020年度	男子258名	女子243名
2019年度	男子274名	女子221名
2018年度	男子257名	女子228名

入試のチェックポイント

◇生まれ月の考慮…「なし」

〈本書掲載分以外の過去問題〉

◆記憶：見る記憶とお話の記憶の複合問題。［2011年度］
◆言語：しりとりで絵をつなげる。［2013年度］
◆運筆：線と線の間を、☆から◎まで壁に当たらないように線を引く。［2011年度］
◆課題画：予め描いてあるお皿の上に、好きな果物をクレヨンで描く。［2011年度］
◆運動：ケンパ・かけっこ・ボールのドリブル。［2013年度］
◆面接：すごろくを行いながらの面接。［2013年度］

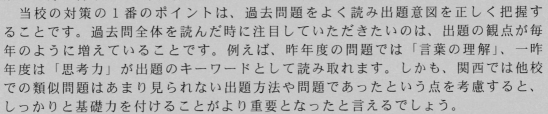

大阪教育大学附属
天王寺小学校

徹底対策問題集

〈はじめに〉

現在、少子化が叫ばれているにもかかわらず、有名私立・国立小学校には一定の受験者が応募します。このような状況では、ただやみくもに練習をするだけでは合格は見えてきません。志望校の過去における出題傾向を研究・把握した上で、練習を進めていくこと、その上で試験までに志願者の不得意分野を克服していく事が必須条件です。そこで、本問題集は小学校を受験される方々に、志望校の出題傾向をより詳しく知って頂くために、過去に遡り出題頻度の高い問題を結集いたしました。最新のデータを含む精選された過去問題集で実力をおつけください。

また、志望校の選択には弊社発行の「**2021年度版　近畿圏・愛知県　国立・私立小学校　進学のてびき**」をぜひ参考になさってください。

〈本書ご使用方法〉

◆出題者は出題前に一度問題を通読し、出題内容などを把握した上で、〈準　備〉の欄に表記してあるものを用意してから始めてください。

◆お子さまに絵の頁を渡し、出題者が問題文を読む形式で出題してください。問題を読んだ後で、絵の頁を渡す問題もありますのでご注意ください。

◆「分野」は、問題の分野を表しています。弊社の問題集の分野に対応していますので、復習の際の目安にお役立てください。

◆一部の描画や工作、常識などの問題については、解答が省略されているものがあります。お子さまの答えが成り立つか出題者が各自でご判断ください。

◆〈時　間〉につきましては、目安とお考えください。

◆学習のポイントは、指導の際にご参考にしてください。

◆【おすすめ問題集】は、各問題の基礎力養成や実力アップにご使用ください。

〈本書ご使用にあたっての注意点〉

◆文中に **この問題の絵は縦に使用してください。** と記載してある問題の絵は縦にしてお使いください。

◆〈準　備〉の欄で、クレヨンと表記してある場合は12色程度のものを、画用紙と表記してある場合は白い画用紙をご用意ください。

◆文中に **この問題の絵はありません。** と記載してある問題には絵の頁がありませんので、ご注意ください。なお、問題の絵の右上にある番号が連番でなくても、中央下の頁番号が連番の場合は落丁ではありません。
下記一覧表の●が付いている問題は絵がありません。

問題1	問題2	問題3	問題4	問題5	問題6	問題7	問題8	問題9	問題10
問題11	問題12	問題13	問題14	問題15	問題16	問題17	問題18	問題19	問題20
								●	●
問題21	問題22	問題23	問題24	問題25	問題26	問題27	問題28	問題29	問題30

2021年度募集日程予定

募集日程は予定ですので、変更される可能性もあります。
日程は、必ず事前に学校へお問い合わせください。

【説明会】	2020年11月３日
【願書配布】	2020年11月３日～12月11日（11月30日、土日祝除く）
【出願期間】	2019年12月10日～12日
【検定料】	3,300円
【選考日時】	調査第１日目：2020年１月22日（男子・女子）
	調査第２日目：2020年１月23日（男子）
	2020年１月24日（女子）
	合格者発表　：2020年１月25日

2020年度募集日程

2019年度に実施済みの日程です。
2021年度募集日程とは異なりますのでご注意ください。

【説明会】	2019年8月24日
【願書配布】	2019年10月10・11日（10時～12時）、12月３日～12日（土日祝除く）
【出願期間】	2019年12月10日～12日
【検定料】	3,300円
【選考日時】	調査第１日目：2020年１月22日（男子・女子）
	調査第２日目：2020年１月23日（男子）
	2020年１月24日（女子）
	合格者発表　：2020年１月25日

2020年度募集の応募者数等

【募集人員】	男女………105名
【応募者数】	男子………258名　女子………243名

(得) 先輩ママたちの声！

◆実際に受験をされた方からのアドバイスです。
ぜひ参考にしてください。

附属天王寺小学校

・ふだんから時間的なゆとりを持って、遊ぶ機会をたくさん作ることを意識しました。なるべく、博物館や動物園、体験型施設など知識や経験が増やせるようなところを選んで出かけるようにしました。

・家族でアウトドアに出かけるなど、自然の中で過ごす時間が持てるように気を付けました。

・試験中に靴を脱いだり履いたりするので、子どもが自分で脱いだり履いたりしやすい靴を選ぶとよいと思います。

・試験や面接では、上級生が子どもたちを呼びに来ます。やさしいお兄さんばかりで、行動観察の時も楽しく遊んでもらったようです。

・試験日ごとに、その日の受験番号を決めるための抽選が行われます。開門、閉門時間などはとてもきっちりしていますし、学校側の時計が基準ですので、いつも時間には余裕を持つようにしてください。

・最終グループは長時間待つことになります。待合室には子どもが座る椅子しかありません。折り畳みの椅子、軽食、折り紙や絵本などを持って行かれることをおすすめいたします。

・待ち時間が長くて走り回る子どもがいました。飽きないようにいろいろ持って行った方がいいと思います。

・携帯電話は持ち込みができないため、学校に提出し預かってもらうことになります。トイレに行ったりする時間もあるので、早めに行かれた方がいいと思いました。

・面接では、答えた内容に対して、それができない場合はどうするかなど、聞かれたそうです。ふだんから、自分で考えることができないと難しい質問だと思います。

◎学習効果を上げるため、前掲の「家庭学習ガイド」及び「合格のためのアドバイス」をお読みになり、各校が実施する入試の出題傾向をよく把握した上で問題に取り組んでください。※冒頭の「本書ご使用方法」「ご使用にあたっての注意点」も併せてご覧ください。

問題1　分野：記憶（お話の記憶）

集中　聞く

〈準　備〉　鉛筆

〈問　題〉　**この問題の絵は縦に使用してください。**

お話をよく聞いて後の質問に答えてください。

少し寒くなって、モミジやイチョウの葉っぱが赤や黄色に色付いてきたころ。てんこちゃんが待ちに待ったお遊戯会の日がやってきました。てんこちゃんは踊るのが大好きなので、朝からわくわくしながら準備をしていました。この日のためにお母さんたちが頑張って作ってくれた衣装をうれしそうに見つめています。水玉模様のワンピースと大きなリボンの髪飾りと黒のベルトをしっかりとかばんに入れました。そこへ、「てんこちゃん、用意ができたら朝ご飯を食べなさいよ」とお母さんが呼びました。てんこちゃんは「わかった」と答えてテーブルにつき、ハムとチーズをのせたパンをパクパクと食べました。朝ご飯を食べ終わったてんこちゃんは「いってきます！」と元気よく言ってお家を出ました。幼稚園に行くバスの中でお友だちのメガネをかけた女の子とお遊戯会で踊るダンスの話をしました。そのお友だちのゆみちゃんは「私、まだダンスの振り付けをちゃんと覚えてないの」と言うので、てんこちゃんは「それじゃあ幼稚園に着いたらいっしょに練習しよう」と言いました。幼稚園に着いてお遊戯会の準備をしてから、本番まで時間があるので、てんこちゃんとゆみちゃんがダンスの練習をしていると、同じグループのたけるくんが声をかけてきました。「なんだ、まだ振り付けを覚えてないのか？　足をひっぱるなよな」といじわるな事を言ってきました。それを聞いたゆみちゃんは泣いてしまいましたが、てんこちゃんは「そんないじわるなことを言って、自分が失敗しても知らないからね！」と怒りました。たけるくんは「僕はとっくにできているから心配ないぜ」と言って、行ってしまいました。てんこちゃんはゆみちゃんを励まして、練習を続けて何とか踊れるようになりました。本番になると、体育館には子どもたちのお父さんやお母さん、おじいさんやおばあさん、妹や弟がいっぱい集まってお遊戯の発表を楽しそうに見ています。てんこちゃんのお母さんとおばあちゃんも見に来てくれました。てんこちゃんたちのグループは5番目の発表ですが、いよいよその時が来ました。てんこちゃんやゆみちゃん、たけるくんたちは大勢の人の前で舞台に立って、とても緊張して足がふるえてきました。てんこちゃんは「さっきまでの練習通りに踊れば大丈夫だね」とゆみちゃんに言うと、ゆみちゃんもしっかりとうなずきました。「さんぽ」という歌が流れてきて、てんこちゃんたちは元気よく踊り始めました。ところが、たけるくんは緊張してしまったのか、振り付けを忘れて立ち尽くしてしまいました。途中から何とかまわりの動きに合わせて踊りはじめましたが、終わった時はがっくりと落ち込んでいました。てんこちゃんとゆみちゃんは練習のおかげでとても上手に踊れたので、堂々とお辞儀をして、見ていたみんなの大きな拍手を受けていました。

①お遊戯会でのてんこちゃんの衣装はどれですか。正しいものに○をつけてください。
②てんこちゃんの朝ご飯はどれですか。正しいものに○をつけてください。
③てんこちゃんが踊った歌の名前に1番近いものを選んで○をつけてください。
④てんこちゃんたちの発表の順番は何番目でしたか。その数だけ○を書いてください。
⑤本番前に泣き出してしまったのは誰ですか。正しいものに○をつけてください。
⑥てんこちゃんのお家から見に来てくれた人を選んで○をつけてください。
⑦最後にたけるくんはどのような気持ちになりましたか。正しいものに○をつけてください。
⑧このお話の季節と同じものに○をつけてください。正しいものに○をつけてください。

〈時間〉　各20秒

〈解答〉　①左端　②左から２番目　③右から２番目　④○５つ
⑤右端　⑥おばあちゃんとお母さん（左端と右から２番目）
⑦左端　⑧右端

学習のポイント

当校のお話の記憶は、標準よりは長めのお話を使い、細かな点についての質問もあるという難しいものです。お話を丸暗記することはできないので、聞く時の工夫が必要になるでしょう。慣れていないお子さまは、まず「誰が～を～した」という形で情報を整理しながら、お話の流れだけを覚えてみてください。この時、「数、色、特徴」といった形容詞や修飾語については特別意識する必要はありません。これだけでも簡単な「お話の記憶」の問題なら、答えることができます。次の段階は「（お話を聞く時に）場面をイメージしながら、お話の流れをつかむ」です。ここでも細かな表現を意識する必要はありませんが、「リボンをつけ、水玉模様のワンピースを着て…」という表現があればそのとおりにイメージするようにしてください。これを繰り返せば、細かなことを聞く問題にも答えれるようになるというわけです。

【おすすめ問題集】
１話５分の読み聞かせお話集①・②、１話７分の読み聞かせお話集入試実践編①
お話の記憶　初級編・中級編・上級編、Ｊｒ・ウォッチャー19「お話の記憶」

問題２　分野：巧緻性（点・線図形）　集中

〈準備〉　鉛筆、色鉛筆

〈問題〉　**この問題の絵は縦に使用してください。**
（問題２の絵を渡して）
１番上の段を見てください。左の四角に描いてあるお手本と同じ形になるように点を結んでください。お手本のすぐ右に１つだけ書きましょう。☆のマークから書き始めてください。もしまちがえたら、２本線では消さずにその隣の２つの四角にかき直してください。

〈時間〉　10分

〈解答〉　下図参照

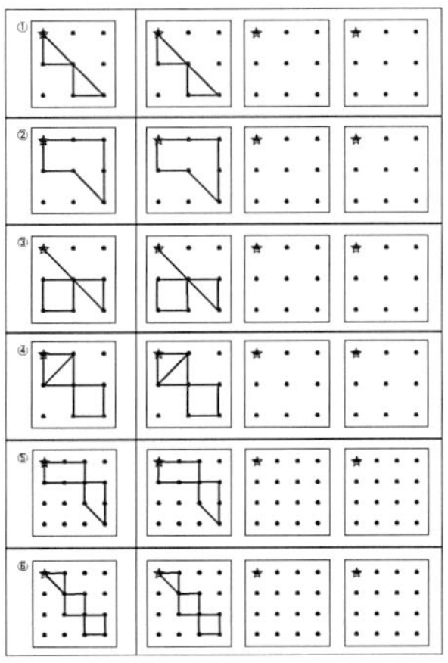

学習のポイント

見本を見ながらその通りに図形を描く、線を引くという課題は当校で頻出します。作業としてはそれほど難しいものではないので、確実に行っておきたいところです。点・線図形（「・」と「・」を結ぶ問題）では線の始点と終点を視界に入れてペン先を動かすようにすると、思い通りのものに近い線が引けるようになるでしょう。とは言ってもきれいで滑らかな線でなければ減点されるということはありません。ここでは評価されるのは年齢相応の集中力と巧緻性（器用さ）です。そういったものがないのではないかと疑われるような結果でなければよいのです。筆記用具の正しい持ち方、運筆などは事前に身に付けておく必要がありますが、特別な準備や練習は必要はないでしょう。

【おすすめ問題集】

Ｊｒ・ウォッチャー１「点・線図形」、51「運筆①」、52「運筆②」

問題３　分野：複合（数量・推理思考）

集中　考え

〈準備〉　サインペン（青）

〈問題〉　左の絵を見てください。グーで勝つと１段、チョキで勝つと２段、パーで勝つと３段上がることができます。また、グーで負けると１段、チョキで負けると２段、パーで負けると３段下がるというジャンケンゲームをします。
では、右を見てください。
①上の絵のように、サル君は階段の上、クマさんは階段の下にいます。絵のようにジャンケンを３回した結果、いまクマさんは階段のどこにいるでしょうか。選んで、階段の上の四角に○をつけてください。
②下の絵を見てください。２人はもう一度元の場所に戻ってゲームをやり直しました。今度は２回ジャンケンをしました。１回目は四角の中の絵のように、クマさんがチョキで、サル君がパーでした。２回目のジャンケンが終わった時、２人は階段の同じ場所に並びました。２回目のジャンケンの結果は下のどの絵でしょうか。選んで○をつけてください。

〈時間〉　各１分

〈解答〉　①下から２つ目の□　②左上（クマさんがパー、サル君がグー）

学習のポイント

最近、当校では複合問題、中でも推理の要素が入った問題が目立つようになりました。ここでは推理の問題の１つ「位置移動」と数量の複合問題を取り上げています。この問題、条件（サルが勝った、クマが負けた）によって違う「お約束」が適用されるというかなり複雑な問題です。さて、この問題の解き方ですが、あれこれ考えるよりも、「✓」などの印をつけながらそれぞれの移動を追っていくのが、結局は１番効率がよいかもしれません。ここまで約束事が複雑だと数え間違いや勘違いなどのケアレスミスがどうしても多くなるからです。当校の入試問題は分野によって難易度の違う問題が出題されるので、比較的難しい問題が出題される複合問題には多少慎重に取り掛りましょう。

【おすすめ問題集】

Ｊｒ・ウォッチャー14「数える」、31「推理思考」、47「座標の移動」

問題4　分野：制作（指示制作）　聞く　考え

〈準備〉　茶色の画用紙（Ａ４サイズ・あらかじめ穴を開けておく）、くちばしと羽（２枚）の画用紙、目の形の線を書いた画用紙（２枚）、ひも、クーピーペン、スティックのり。
※問題４－１の絵は作り方の参考図です。お子さまに説明される時は、問題４－２の絵のみを「見本」としてご使用ください。問題４－３の絵は切り抜いてご使用ください。

〈問題〉　**この問題は絵を参考にしてください。**
これから空飛ぶ鳥を作ります。

①茶色の画用紙を半分に折って、穴の開いている方を上にして立てます。
②目の形の画用紙に青のクーピーペンで塗って、線に沿ってちぎりましょう。それを茶色の画用紙にのりで貼ってください。
③くちばし用の細長い画用紙に黄色のクーピーペンで色を塗って、点線のところで折って、見本のようにのりで貼りましょう。
④羽の画用紙を点線のところで折って、見本のように両側にのりで貼ります。
⑤茶色の画用紙の穴にひもを通してかた結びしましょう。これで空飛ぶ鳥の完成です。

〈時間〉　適宜

〈解答〉　省略

学習のポイント

なかに「ちぎり」の作業があります。当校ではあまり出題されたことはありませんが、最近入試で出題されることが多くなっています。一応練習をしておいてください。ほかは基本的な作業です。苦手なものがあれば練習しておきましょう。当校の制作問題に限ったことではありませんが、観点は「指示の理解と実行」です。保護者の方も結果だけを注目するのではなく、「指示（手順）は守れているか」「勘違いはしていないか」など「作るまで」を観察してください。結果（制作物）はどうでもよいとは言いませんが、年齢なりの知識（道具の使い方）や巧緻性（器用さ）があると判断されれば見栄えは関係ありません。

【おすすめ問題集】
Ｊｒ・ウォッチャー５「回転・展開」、23「切る・貼る・塗る」

問題5　分野：言語

語彙　知識

〈準備〉　クーピーペン（青）

〈問題〉　「かける」という言葉に合った絵に○をつけてください。

〈時間〉　1分

〈解答〉　①（めがねをかける）④（電話をかける）⑥（掃除機をかける）

学習のポイント

言語の問題です。ひとくちに「かける」といってもめがねや服を「かける」や電話を「かける」、掃除機やアイロンを「かける」といったように同音異義語が多いのが日本語です。こうした問題でそういったことを学んでもよいのですが、文字が読めない（ということになっている）お子さまがそういったことをイラストを見ながら学ぶというのは効率がよくありません。できれば生活の場、お手伝いや外出の際にその使い方を含めて言葉を学んでもらいましょう。「掃除機をかけて」と頼めばよいのです。言語や常識は本来、生活の中で学んだものが出題される問題です。保護者の方はお子さまの学ぶ機会を設けるように工夫してあげましょう。

【おすすめ問題集】

Ｊｒ・ウォッチャー17「言葉の音遊び」、18「いろいろな言葉」

問題6　分野：図形（模写・重ね図形）

観察　考え

〈準備〉　クーピーペン（ピンク）

〈問題〉　**この問題の絵は縦に使用してください。**
透明な紙に描かれた２つの家のマス目に○があります。真ん中の点線で折って上の家と下の家をピッタリ重ねた時、○の位置はどうなりますか。両方の家に、○を書き足してください。すべてやりましょう。

〈時間〉　３分

〈解答〉　下図参照

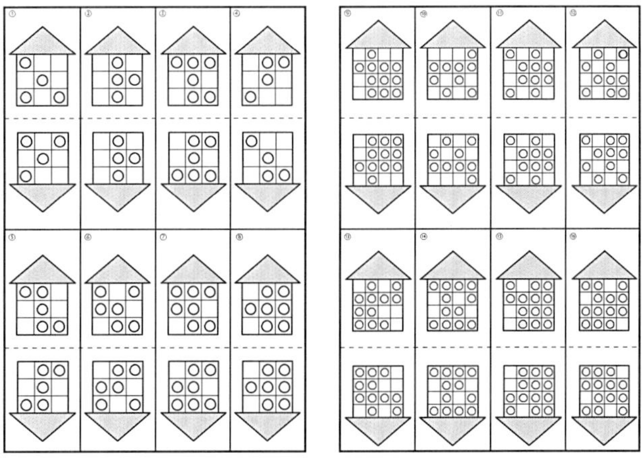

学習のポイント

図形分野の問題ですが、線対称と座標の両方の要素が入った問題です。指示、つまり「何を聞いているか」を理解できれば、すんなり答えられるでしょう。しかし「上下に描かれている家の絵を真ん中に折った時にどのようになるか」と質問されて、「線対称の重ね図形が答えになる」と思いつくお子さまは滅多にいません。ほとんどのお子さまは指示を聞いて、その様子、つまり家の絵を真ん中の線で折った絵をイメージし、答えを書いてから「そういうことか」と気付くのではないでしょうか。図形分野の問題には慣れておいた方がよいとよく言われるのには、こうした問題で、「何を聞かれているのかを（慣れていないお子さまより）速く理解するため」なのです。

【おすすめ問題集】
Ｊｒ・ウォッチャー２「座標」、８「対称」、35「重ね図形」、48「鏡図形」

問題7　分野：数量

考え

〈準 備〉　サインペン（青）

〈問 題〉　**この問題の絵は縦に使用してください。**
①動物たちがクッキーを１枚ずつ食べようとしていますが、数が足りません。何枚足りないかその数だけ◎の印の四角の中に○を書いてください。
②ドーナツを２匹で１個ずつ食べるとドーナツは何個残りますか。その数だけ●の印の四角の中に○を書いてください。
③アメを２個ずつ食べようと思いますが、数が足りません。足りない数だけ☆印の四角の中に○を書いてください。

〈時 間〉　各20秒

〈解 答〉　①○：１　②○：５　③○：２

学習のポイント

こうした問題でも数字を使って考えてはいけないというのが小学校受験の数量問題の難しさでしょう。①は分配の問題ですが、「クッキー６枚を５人で分ける」と聞いて、これを「６－５＝１」とは考えてはいけないわけです。面倒ですが「クッキー５枚を１人ずつに渡すと、もらえない人が１人いる」と考えます。ここで必要になのは、10までのもの（集合）ならいくつあるか、２つの集合のどちらが多いかがわかる、という感覚です。これがあれば、こうした問題に対する反応が素早くなるだけではなく、ケアレスミスも少なくなるでしょう。指折り数えることなく、10個以下のものがいくつあるかがわかるということがこの分野の大きな目標の１つであるということを保護者の方は知っておいてください。

【おすすめ問題集】
Ｊｒ・ウォッチャー14「数える」、 40「数を分ける」

問題8　分野：記憶（お話の記憶）　聞く　集中

〈準　備〉　クーピーペン（水色）

〈問　題〉　**この問題の絵は縦に使用してください。**
これからお話をしますから、よく聞いて後の質問に答えてください。

今日は家族で揃って山にハイキングに行くことになりました。朝起きた時にとても天気がよかったので、急に出かけることにしたのです。ですからお母さんは大変です。みんなのお弁当を作らなくてはなりません。そこでお父さんとお姉さんと弟の３人がお母さんより一足先に出かけて、お弁当ができたらお母さんは後から車でみんなを追いかけることになりました。お父さんとお姉さんと弟は、それぞれ水筒と途中で食べるおやつのお菓子を持って電車に乗り、そのあとバスに乗り、山の近くのバス停で降りて、そこから山のてっぺんまで歩いていきました。３人が山道を歩いているとリスに出会いました。リスはおいしそうにドングリを食べていました。それを見た弟が「なんだかお腹が空いてきた」と言ったので、その木の下でひと休みをしながらおやつを食べました。おやつを食べて水筒の温かいお茶を飲んだら元気が出て、３人は歌ったりしりとり遊びをしたりしながら山のてっぺんに向かって歩きました。山の頂上近くに車で来る人のための駐車場があって、その近くでお弁当を持ったお母さんといっしょになりました。「ああよかった！お母さんが来なかったらどうしようって、とても心配してたのよ」とお姉さんが言うと、「あら！お母さんじゃなくてお弁当が心配だったんじゃないの？」とお母さんが言ったので、みんなが笑いました。そのあと家族揃って山の頂上に着きました。頂上から見る景色は最高にきれいで、遠くの山がまるで空に浮かんでいるように見えました。山のおいしい空気をたくさん吸ったあと、みんなでお弁当を食べました。お父さんは３個、お母さんとお姉さんは２個ずつ、弟は１個おにぎりを食べました。お母さんとお姉さんは玉子焼きも食べました。お父さんと弟はウインナーも食べました。お腹がいっぱいになったところで、お母さんの運転する車で家に帰りました。とても楽しい１日でした。

①山道を歩いて登ったのは誰ですか。その人に○をつけてください。
②誰が一番多くおにぎりを食べましたか。その人に○をつけてください。
③お母さんはどうやって山に行きましたか。お母さんが乗ってきた乗り物に○をつけてください。
④お母さんとお姉さんは何を食べましたか。食べたものに○をつけてください。
⑤このお話の季節はいつだと思いますか。お話と同じ季節の絵に○をつけてください。

〈時　間〉　２分

〈解　答〉　①弟・お姉さん・お父さん　②お父さん　③車
④おにぎりと玉子焼き　⑤お月見（秋）

学習のポイント

当校では設問④のように、お話の細かい点ついてたずねる質問があります。「～は～を食べました」という表現が何度も出てくるので、いかにもお子さまが混乱しそうです。もし、お子さまが混乱するようなら、それは記憶力がないと言うより、お話の流れが把握できていないと考えてください。お話を何となく聞いてもお話の流れは把握できません。こういった問題が苦手、または慣れていないというお子さまは次のようなルールでお話を聞いてみましょう。①「誰が」「何を」「～した」といったことを整理しながらお話を聞く②場面が変わるごとにその様子をイメージする、の２つです。この２つを守れば頭の中で情報が整理され、お話の流れがつかめるようになります。

【おすすめ問題集】

１話５分の読み聞かせお話集①・②、お話の記憶　初級編・中級編・上級編、
Ｊｒ・ウォッチャー19「お話の記憶」

問題9　分野：巧緻性

観察　集中

〈準 備〉　４色のストロー各３本（計12本）、４色のモール各１本（計４本）を用意する。

〈問 題〉　（問題９の絵を見せて）
見本のように同じ色のストローのななめの部分を上にして３本束ねて、同じ色のモールで結びましょう。４色それぞれ作ってください。

〈時 間〉　２分

〈解 答〉　省略

学習のポイント

当校の制作問題ではそれほど複雑なものは作りませんから、チェックされるのは「指示の理解と実行」と考えてください。入学できたならもっとも必要とされるものです。巧緻性（器用さ）やマナー（後片付け）などは年齢なりにできていれば問題ありません。出来上がったものに関しても同様で、いいものを作っても指示を守っていなければ評価されないでしょう。とは言え、結果から評価されることもないとは言えません。例えば、与えられた時間の中で作ることことができないと、年齢なりの器用さがない、道具の使い方を知らないという評価をされるかもしれません。そうした評価を受けないだけの練習はしておきましょう。

【おすすめ問題集】

実践　ゆびさきトレーニング①②③、Ｊｒ・ウォッチャー23「切る・貼る・塗る」

問題10　分野：推理（系列、四方からの観察）

観察　考え　集中

〈準備〉　鉛筆

〈問題〉　**この問題の絵は縦に使用してください。**

①②
左の四角の中の積み木は、右の四角の中のどの積み木を組み合わせるとできると思いますか。２つ選んで○をつけてください。
③
空いている四角には○が幾つ入りますか。その数だけ四角の中に○を書いてください。

〈時間〉　①②１分　②３分

〈解答〉　下図参照

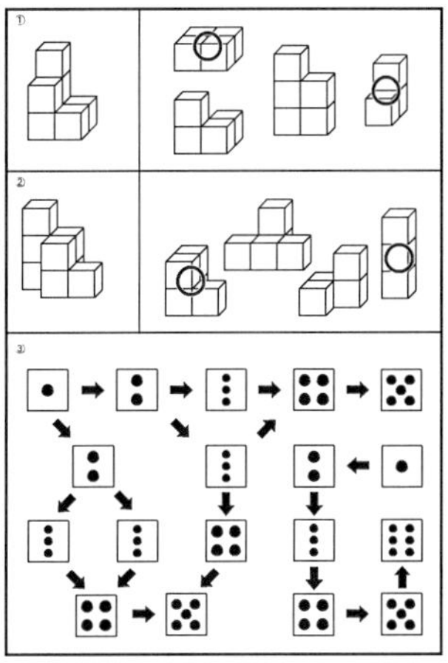

学習のポイント

繰り返しになりますが、当校では傾向が変わり、この問題のような「分野をまたいだ複合問題」が出るようになっています。１つひとつの問題はそれほど難しくありません。①②は図形の構成の問題です。パッと答えが閃かないようなら、積み木を使って問題のように組み上げてみてください。小学校受験受験の段階では「なぜこうなるのか」ということはわからなくてもよいので、目で見て、手を使って立体（積み木）の組み合わせを覚えていきましょう。③は系列の問題ですが、サイコロの目の数が増えていく系列（パターン）を考えるという少しひねった問題です。わかりにくければ、サイコロの１を「○」、サイコロの２を「◎」などに置き換えて考えてみてください。少しはわかりやすくなるでしょう。

【おすすめ問題集】
Ｊｒ・ウォッチャー14「数える」、３「パズル」、６「系列」、
53「四方からの観察　積み木編」

問題11　分野：複合（言語・常識）

知識　語彙

〈準備〉　鉛筆

〈問題〉　①「ライオン」と同じ音の数の言葉を選んで○をつけてください。
②『シンデレラ』のお話に関係のある絵には△を『かぐや姫』のお話に関係のある絵には○をつけてください。

〈時間〉　３分

〈解答〉　①シマウマ、コウモリ　②○：カボチャ、ガラスの靴　△：タケ、月

学習のポイント

当校では言語、語彙に関しては「常識の１つ」ととらえているようで、同じ問題で言葉に関する知識といわゆる一般常識の聞かれることがあります。中でもよく出題されるのは、言語に関しては「言葉の音」について、常識では生活常識と古今東西の有名なお話に関する知識です。当たり前のことですが、有名なお話の知識を得るにはそういうお話を聞く機会を多く持つことが１番です。お話に関する知識を得ると同時に語彙も増やすことにもつながるので効率のよい学習になるでしょう。親子のコミュニケーションの１つになるようできるだけ読み聞かせた方がよいですが、時間がないならこだわる必要はありません。市販のＤＶＤなどを使ってお子さまがそういうものに触れる機会を多く持つようしてください。ただし、あらすじや設定の異なっているものやパロディになっているものには注意してください。誤った知識を覚えてしまうかもしれません。

【おすすめ問題集】
Ｊｒ・ウォッチャー17「言葉の音遊び」、18「いろいろな言葉」、
60「言葉の音（おん）」

問題12　分野：図形（パズル）

集中　観察

〈準備〉　サインペン（青）

〈問題〉　左端にある形を作るためには横にある形をそれぞれいくつ使いますか。その数だけ右の四角の中に○を書いてください。

〈時間〉　①30秒　②１分

〈解答〉　①【左側】上段：５　真ん中：０　下段：１　【右側】上段：２
②【左側】上段：５　真ん中：３　下段：３
【右側】上段：１　真ん中：１　下段：６

学習のポイント

パズルの問題です。右側にあるパズルのピースを回転させたり、反転させたりして左側の見本の形に当てはめていくという作業の繰り返しになります。実際のパズルと違うのは、ピースに触れられないので、頭の中でそういった「操作」をしなければならないということです。小学校受験の段階では、「ここにこの形（ピース）が入って、次にこの形がその下に…」といったことは感覚的にわかれば問題ありません。同じような問題を解いていく中でその感覚を磨いていってください。なお、標準的な問題よりもピースの数が多いので使ったものには「✓」を入れるといった工夫をしておけばケアレスミスも少なくなるでしょう。解き方を覚える学習ではなく、解き方を考える学習を行うこと、保護者の方は答えではなく、方向性をヒントとして与えるような学習を心がけてください。

【おすすめ問題集】

Ｊｒ・ウォッチャー３「パズル」、９「合成」、45「図形分割」、54「図形の構成」

問題13　分野：複合（常識・推理）

集中　考え　知識

〈準備〉　鉛筆（赤）

〈問題〉　**この問題の絵は縦に使用してください。**

①１番上の段を見てください。さまざな動物の足跡があります。この足跡の中でウマの足跡には○を、ニワトリの足跡には×をつけてください。
②上から２番目の段を見てください。左にある傘には足りない部分があります。足りないところにあてはまる絵を右から選んで、○をつけてください。
③真ん中の段を見てください。左にアサガオが咲いていますが葉がありません。正しいものを右の絵から選んで○をつけてください。
④下から２番目の段を見てください。左にカップの絵が描いてあります。このカップを上から見るとどのように見えますか。正しい絵を右から選んで、○をつけてください。
⑤１番下の段を見てください。左に絵が描いてあります。この絵を上から見るとどのように見えますか。正しい絵を右から選んで、○をつけてください。

〈時間〉　各20秒

〈解答〉　下図参照

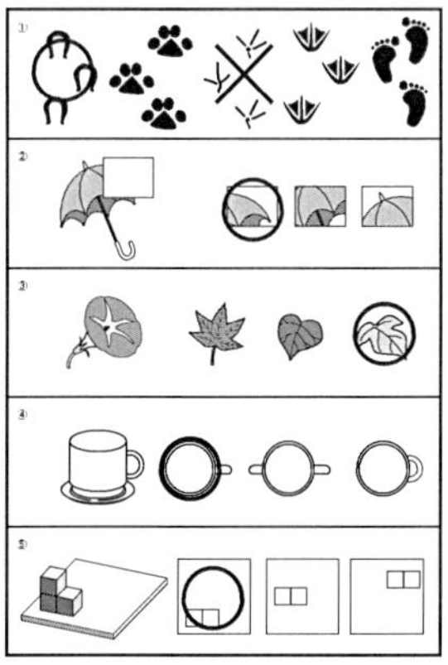

学習のポイント

当校入試では、常識と他分野の問題を組み合わせた複合問題が例年出題されています。難しいものではありませんが、あまり見ない形です。何を聞かれているのかを確認して、落ち着いて解答してください。①は常識・理科の問題です。動物の足跡はたまに問われるので、生態・姿などとともに知っておきましょう。②③は「欠所補完」と「常識」の問題です。②については、常日頃見ているものですから推測できますが、③はアサガオの実物を見たことがないと推測するのが難しいかもしれません。小学校受験で葉や種についてたずねられる草花は限られているので、できれば知識として押さえておいてください。④⑤は「四方からの観察」の問題です。積み木以外にも、カップなどの日用品でもこのような形で問題になります。もっとも、積み木を並べたものよりはイメージはしやすいでしょうから、「ここから見たらこのように見えるのではないか」という推測もしやすいでしょう。

【おすすめ問題集】

Ｊｒ・ウォッチャー10「四方からの観察」、27「理科」、
53「四方からの観察　積み木編」、55「理科②」

問題14　分野：言語（しりとり）

語彙　観察

〈準備〉　鉛筆（赤）

〈問題〉　左の四角の中の絵を、しりとりでつなげてください。上の○から始め、空いているところに入るものを右の四角の中から探して、線で結びましょう。

〈時間〉　１分

〈解答〉　下図参照

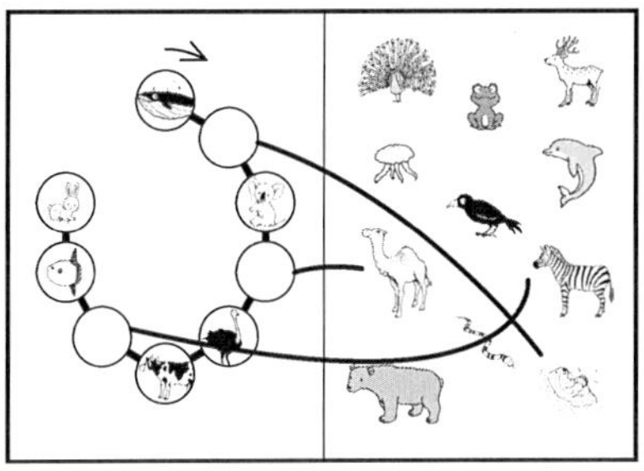

学習のポイント

しりとりや「“あ”で始まる言葉をたくさん言う」といった言葉遊びは、手軽にできるだけでなく、語彙の獲得・定着に役立ちます。電車や車に乗っている時、病院などで順番を待っている時など、ちょっとした時間があれば言葉遊びを行い、お子さまが楽しみながら言葉を覚えるよう誘導してください。注意するのは、幼児言葉や方言ではなく、一般的な呼び方で言葉をで教えることです。よく目にするもの、よく使う言葉については標準語で、と保護者の方も意識しておきましょう。また、言葉の音（おん）を意識させるなら、例えば、「す・い・か」１音ずつ指折り数えながら、はっきりと言わせてみるのも学習になります。言葉を構成する音や音の数が自然と意識されるので、「２番目の音が同じものを選ぶ」といった問題に対応できる語彙が身に付くのです。

【おすすめ問題集】

Ｊｒ・ウォッチャー49「しりとり」

問題15　分野：複合（点つなぎ・回転図形）

集中　考え　観察

〈準備〉　鉛筆（赤）

〈問題〉　**この問題の絵は縦に使用してください。**

①②③
１番上の段の左の形と同じになるように、右の図の点を結びましょう。
３問続けてやりましょう。

④⑤⑥
下から３番目の段を見てください。左の絵の左上に☆がついています。☆が右下になるように回転させると、右の絵のようになります。その下の段の絵を同じように回転させるとどのような形になりますか。右側の絵の点と点を結び、その形を書いてください。

〈時間〉　①②③ １分30秒　④⑤ ２分

〈解答〉　下図参照

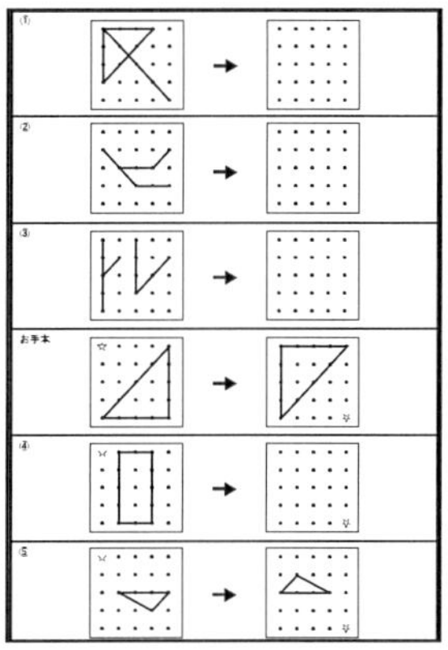

学習のポイント

当校では、点・線図形の問題が例年出題されています。ほとんどは、①～③のようにお手本を見ながら、その通りに書き写すという内容ですから、それほど難しいものではありません。その線の始点・終点をあらかじめを把握して、ていねいに線を引けば見た目にもよいものになるでしょう。よく出題される運筆の課題としては、図形の輪郭をなぞったり、２本の線の間に線を引くといったものがありますが、基本の形はこの問題のように、点を直線でつなぐものです。この形式なら問題なく作業ができる程度に運筆のテクニックを身に付けておいてください。④～⑥は、運筆だけなく、その形が回転するとどのようになるかということも聞いています。それがイメージできない場合は、図形に関する知識と学習が足りないということになりますから、類題を解いてみるなどして基本的な図形に対する感覚を身に付けておきましょう。

【おすすめ問題集】

Ｊｒ・ウォッチャー１「点・線図形」、５「回転・展開」

問題16　分野：図形（鏡図形）

考え　観察

〈準備〉　鉛筆（赤）

〈問題〉　１番上の段を見てください。左端の四角の形は透明な紙に描かれています。この形を裏側から見るとどのように見えるでしょう。右の四角から選んで、正しいものに○をつけてください。下の段も同じように答えてください。

〈時間〉　各30秒

〈解答〉　①左　②右　③真ん中

学習のポイント

図形分野の問題は観察力が必要な分野です。例えば、「左の四角に描いてあるものと同じものを右の四角から選びなさい」という問題であれば、図形それぞれの特徴を把握しないと解答できないからです。この問題に答えるためのポイントは２つです。①複数の図形が描かれた、見本の図形をよく観察してその特徴をとらえる。②この問題が結局「（描かれている図形の）鏡図形を聞いている」とひらめく。つまり、「透明なシートに描かれた図形を裏から見る」ということは「鏡に写した図形を見ること」と同じだと見抜くということです。正直なところ、小学校受験の図形分野の問題にある程度慣れていないとこういった発想はできませんが、合格を目指すなら必要なことです。徐々にで構いません。そのレベルまで達するように学習を進めてください。

【おすすめ問題集】

Ｊｒ・ウォッチャー４「同図形探し」、８「対称」、48「鏡図形」

問題17　分野：記憶（お話の記憶）

集中　聞く

〈準　備〉　鉛筆（赤）

〈問　題〉　コンタくんが朝起きると空は雲がいっぱいで、今にも雨が降りそうです。運動が苦手なキツネのコンタくんは「運動会が雨で中止にならないかな」と思いました。「今日のコンタの運動会には、お父さんとお母さんで応援に行くからがんばってね。お弁当は何がいい？」とお母さんに聞かれたので、コンタくんは「僕の嫌いなトマトは入れないでね」と言いました。お母さんは星マークのついたエプロンを着てお弁当を作っています。起きた時は曇っていましたが、出かける時間になると空から日が差し始め、どうやら運動会は中止にはならないようです。運動会に行く途中、空にはこいのぼりが泳いでいました。
コンタくんは運動会では青組です。玉入れは青組が勝ちました。次の綱引きは白組が勝ちました。お昼のお弁当を食べ終わると、いよいよかけっこです。コンタくんはキリンさん、タヌキさん、ゾウさん、ブタさん、ウサギさんと走りました。「ヨーイ、ドン！」で走り出すと、コンタくんはいきなりつまづいてしまいました。あきらめてゆっくり走ろうとしていたコンタくんに、「コンタがんばれー」というお父さんとお母さんの声が聞こえました。コンタくんはビリになりましたが、最後まで一生懸命走りました。

（問題17の絵を渡して）
①コンタくんの嫌いな食べものに×をつけてください。
②お母さんのエプロンには何のマークがついていましたか。○をつけてください。
③コンタくんとかけっこをしていない動物に○をつけてください。
④このお話と同じ季節のものに○をつけてください。

〈時　間〉　各30秒

〈解　答〉　①左から２番目（トマト）　②左から２番目（星マーク）
③右から２番目（イヌ）　④真ん中（入学式・春）

学習のポイント

当校入試のお話の記憶問題は、お話が標準的長さで、ほとんどの質問はお話の流れに沿ったものという、答えやすい形になっています。この問題も「運動の苦手なコンタくんが、かけっこで転んだが最後までがんばった」というシンプルなストーリーです。前半と後半で話のテンポが違い、登場する動物も多いのですが、ひねったところはありません。こうしたお話は、１つひとつの事柄を暗記しようとすると、全体の流れが把握できなくなります。それを防ぐために、言葉ではなく、お話の場面を思い浮かべながらお話を聞きましょう。「お母さんが星マークの付いたエプロンを着ている」と覚えるのではなく、「星のマークが付いたエプロンを着た、お母さんがコンタくんと話している」シーンをイメージするのです。紙芝居を観るように、イメージでお話を記憶すると、ストーリーを把握できるだけなく、記憶できる量も増えます。

【おすすめ問題集】
１話５分の読み聞かせお話集①・②、お話の記憶 初級編・中級編・上級編、
Ｊｒ・ウォッチャー19「お話の記憶」、34「季節」

問題18　分野：見る記憶

観察　集中

〈準備〉　鉛筆

〈問題〉　**問題18－1、18－2の絵は縦に使用してください。**

①（問題18－1①の絵を見せる）
絵に描いてあるものをよく覚えてください。
（15秒後、問題18－1①の絵を伏せ、問題18－2の絵を渡す）
○はどこにありましたか。その場所に○を書いてください。

②（問題18－1②の絵を見せる）
絵に描いてあるものをよく覚えてください。
（15秒後、問題18－1②の絵を伏せ、問題18－2の絵を渡す）
イヌは何匹いましたか？　いた数だけ上の四角に○を書いてください。
タヌキはどこにいましたか？　タヌキのいたところに○を書いてください。

〈時間〉　①10秒　②20秒

〈解答〉　省略

学習のポイント

「見る記憶」の問題は当校入試で頻出しています。その特徴は「何が、どこに、いくつあったか？」と聞かれることです。「何があったか？」「あったものに○をつける」といった単純な問いではありません。答えるためには、最初に見る絵の内容を効率よく覚え、情報を整理しておく必要があります。おすすめしたいのは、１つひとつの項目をバラバラに覚えるのではなく、この問題を例に取ると、上段に左から「イヌ・イヌ・タヌキ・タヌキ・タヌキ」、下段に左から「タヌキ・タヌキ・イヌ・タヌキ・イヌ」と並んでいる、といった形で「何がどこに」を整理してから覚える方法です。慣れないうちは、○や△などの記号でメモを取りながら覚えてもよいでしょう。自分の覚えやすい方法を見つけて、絵を構成するものを関連付けしながら覚えてください。こうした問題にもスムーズに解答できるはずです。

【おすすめ問題集】
Ｊｒ・ウォッチャー20「見る記憶・聴く記憶」

問題19　分野：制作（課題画）

話す　創造

〈準備〉　クレヨン、画用紙、丸シール（適宜）

〈問題〉　**この問題の絵はありません。**

①「ありがとう」とあなたが言っている時の顔を描いてください。
②顔の周りに丸シールを貼ってください。

〈時間〉　10分

〈解答〉　省略

学習のポイント

当校の制作問題は、「基本的な作業ができる」「指示の理解と実行できる」という２つの観点で主に評価されています。発想力や作品の完成度について評価されない、ということではありませんが、あくまで補足でしょう。よほどのものでなければ、評価に関係しません。ですから、よい評価を得るためには、①道具の扱いを含めて「切る・塗る・貼る」といった基本的作業ができる、②人の話（指示）を理解して、それを実行するということになります。①の対策は経験を積むことしかありませんが、②は日常生活で対策が行なえます。「指示→実行」という流れは学習だけなく、生活のあらゆる場面にあるはずですから、積極的に活用してください。お手伝いでもおつかいでも構いません。お子さまに課題と機会を与えてみてください。

【おすすめ問題集】

実践 ゆびさきトレーニング①②③、Ｊｒ・ウォッチャー22「想像画」、
24「絵画」、29「行動観察」

問題20　分野：行動観察・運動

聞く　集中

〈準 備〉　ピアノ、ボール（適宜）、コーン、マット

〈問 題〉　**この問題の絵はありません。**

①ピアノの音に合わせて、指示された動きをする。
・低い音：クマがきた合図。頭を抱えてしゃがみ、音が鳴り終わるまで待つ。
・高い音：ウサギになる。両手で耳を作ってピョンピョン跳ぶ。
②ケンパをする。
※その時自分で「ケンパ、ケンパ、ケンケンパ」と声を出しながら行う。
（４人１組のグループになり、体育館へ移動）
③笛の合図でコーンまでかけ足で行き、戻ってくる。
④マットに移動し、先生が絵本を読むのを聞き、内容についての質問を受ける。

〈時 間〉　適宜

〈解 答〉　省略

学習のポイント

当校では音楽やリズムに乗って指示された行動を行う、という課題が例年出題されています。特に難しいものではなく、年齢相応の感覚があれば特に対策は必要ありません。テスターが手本を見せてくれますから、よく観察して覚えましょう。問題は④で、試験を受ける側は、運動からお話を聞くという、頭の切り替えが少々難しい課題になっています。遊戯やゲーム、競争といったもので体を動かすと、少し元気になってしまうのがお子さまというものですから、ある程度は仕方ありませんが、騒いだりして悪目立ちをするの避けてください。国立小学校の入試は、優れた才能・資質を発見する、と言うよりは、年齢相応の成長をしていない児童をチェックするために行うものです。お子さまに「大人しくしていなさい」とまで言う必要はありませんが、「言われたこと、ルール・マナーは守る」ということは、試験前に念押ししておいた方がよいかもしれません。

【おすすめ問題集】

新運動テスト問題集、Ｊｒ・ウォッチャー28「運動」、
Ｊｒ・ウォッチャー29「行動観察」

問題21　分野：口頭試問・親子活動

考え　話す

〈準　備〉　なし

〈問　題〉　（問題21のイラストを見せて、志願者に）
①動物の絵がありますね。この絵の中で好きな動物を選んでください。
②（選んだ動物の名前）のお誕生日会が明日あります。どんなお祝いをしてあげますか。（保護者と）相談して答えてください。

〈時　間〉　５分程度

〈解　答〉　省略

学習のポイント

2019年度入学者向けの入試から、当校では「親子活動」の課題が与えられるようになりました。趣旨としては、応募書類からはわからない親子関係をうかがう、といったところではないでしょうか。もちろん、そこから保護者の教育に対する価値観や方向性を測っているでしょう。こういった課題には、正しい答えというものはなく、観察されているのはプロセスです。親子で話し合う様子を観察されているのです。そこでお互いの意見を尊重しあっていれば何の問題もありません。実際の対処としては、保護者の方は最初にお子さまの考えを聞き、それを否定するのではなく、アドバイスするような形で返答するといった形の会話がよいでしょう。お子さまとのコミュニケーションがとれていること、教育熱心であることがアピールできます。

【おすすめ問題集】

新口頭試問・個別テスト問題集、Ｊｒ・ウォッチャー29「行動観察」

問題22　分野：運動

聞く　集中

〈準備〉　フープ（６個程度）、ボール、コーン、ビニールテープ

〈問題〉　先生のお手本を見てから、同じように行動してください。
①スタートの線から、フープの輪を片足ケンケンで１周してください。
②ボールを頭より高く投げて、自分でキャッチします。できるだけたくさんやってください。ボールを落としたら、自分で拾って続けてください。
③スタートの線から、コーンのところまで走って、外側を回って元の線のところに戻ってきてください。

〈時間〉　適宜

〈解答〉　省略

学習のポイント

試験の２日目に行われる運動の課題です。運動の課題も行動観察と同様で、お子さまに、指示の理解と実行、年齢相応の運動能力があるかを観ています。毎年同じような課題ですから、観点にも大きな変化はないでしょう。ここでは、運動能力の高さが評価につながるわけではありません。指示をしっかりと聞き、お手本通りの運動を行うことを心がけれさえすればよい評価につながります。例えば、②の課題でボールを落としてしまっても大して問題はありません。指示通りに自分でボールを拾い課題を再開すれば、アクシデントに落ち着いて対処したとして、よい評価を与えられるはずです。慌てないこと、ふだんと同じように振る舞うことを心がけておきましょう。なお、待機している時、課題が終了した時などは特別な指示がなくても、周囲の迷惑にならないようにマナーに気を付けてください。意外と観察されています。

【おすすめ問題集】
新運動テスト問題集、Ｊｒ・ウォッチャー28「運動」

問題23　分野：常識

聞く　知識　集中

〈準備〉　鉛筆

〈問題〉　お話を聞いて、当てはまるものに○をつけてください。
①ものを切る道具です。片手で使います。使うとチョキチョキと音がします。
②海に棲んでいますが、魚の仲間ではありません。時々海面から背中を出して、大きく水を吹き上げます。
③夏の食べものです。外は緑で、切ると中身は赤くて、小さな黒い種が入っています。

〈時間〉　各30秒

〈解答〉　①左から２番目（ハサミ）　②右端（クジラ）　③左端（スイカ）

学習のポイント

①は生活常識、②③は理科的常識に関する問題です。ただし、常識問題で聞かれる知識は一部のものを除けば、生活の一場面で学べますから、知識得るための特別な対策学習は必要はありません。ここでは、問題内容より出題形式に注意してください。出題方法はいわゆる「なぞなぞ」ですが、説明されるのは、解答となるものの性質と特徴です。そこから類推して答えを選ぶことになるので、説明される性質と特徴を理解することは正解するための最低条件になるのです。ポイントを押さえながらお話を聞くことに比べれば、情報量自体は少ないものですが、主語がなく、形容詞や副詞が続く文章は聞くとどうしてもわかりにくく感じます。こうした文章に慣れるには、類題を解くとともに、読み聞かせの際にはお話を聞きながら場面をイメージするなど、「話を聞く時はその内容をイメージする」をことを習慣にするとよいでしょう。意識しなくとも自然とイメージできるようになればこういった問題で苦労することはなくなるはずです。

【おすすめ問題集】

Ｊｒ・ウォッチャー11「いろいろな仲間」、27「理科」、55「理科②」

問題24　分野：模写（点図形）

観察　考え

〈準備〉　鉛筆

〈問題〉　①②③④
左の四角の見本と同じになるように、右側の四角の点を線で結んでください。
⑤⑥
左の四角の見本を鏡に写した時の絵になるように、右側の四角の点を線で結んでください。

〈時間〉　各30秒

〈解答〉　下図参照

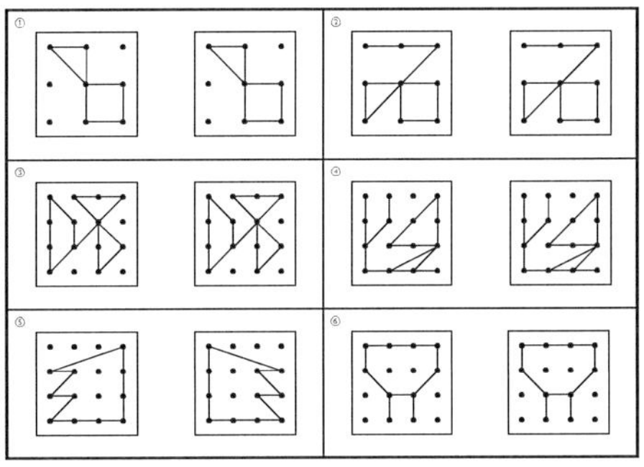

学習のポイント

①～④までは見本の通りに線を引くのですから、特に注意する必要はないでしょう。問題は⑤⑥の「見本の鏡図形を書く」という設問です。線を１本ずつ対称となる位置に引いていくのが基本ですが、見本を見ながらだとどうしても時間がかかってしまい、解答時間が足りなくなってしまうかもしれません。効率をよくするためには、⑤の１番下の段の直線のように「鏡図形になっても位置が変わらないできるだけ長い直線」を最初に引き、それを基準にしてほかの線を引いてたしていくという方法があります。ただし、この方法をとるには、「鏡図形になるとどのように変化するのか」を予想できる程度の図形に関する知識が必要です。それがないとかえって時間がかかったり、間違った位置に線を引いてしまうかもしません。図形に対する知識・感覚は、類題を数多く解くうちに自然と身に付くものですが、いきなり応用問題に取り組もうとするとお子さまの意欲をそいでしまうかもしれません。

【おすすめ問題集】

Ｊｒ・ウォッチャー１「点・線図形」、51「運筆①」、52「運筆②」

問題25　分野：お話の記憶

聞く　公衆　集中

〈準 備〉　鉛筆

〈問 題〉　これからお話をします。よく聞いて、後の質問に答えてください。
夏休みの暑い日のことです。けいくんは、お友だちのはじめくんといっしょに、お姉さんに海に連れて行ってもらいました。３人で仲良く話しながら、歩いていると、途中の家の花壇に、アサガオが咲いていました。海に着くと、けいくんは３人で遊ぼうと思って持ってきたビーチボールを膨らませました。はじめくんは、緑色の浮き輪を膨らませました。お姉さんが、「２人とも、顔が真っ赤だよ」と２人を見て笑いました。２人とも、一生懸命息を吹き込んだので、顔が赤くなってしまったのです。その後、３人で追いかけっこをしたり、けいくんのボールでビーチバレーをしたりして遊びました。お昼のお弁当を食べ終わると、「スイカ割りをしよう」と言って、お姉さんが、スイカと棒を取り出しました。けいくんとはじめくんも大はしゃぎです。まずは、けいくんが目隠しをして、棒を構えました。転ばないように気を付けて、「ここかな、えいっ」と棒を振り下ろしました。でも、棒は砂浜を叩いただけでした。次はお姉さんの番ですが、お姉さんもスイカを割れませんでした。今度ははじめくんの番です。目隠しをしてスイカを探していると、急に雨が降り始めました。３人は慌てて、荷物を持って木陰に入りました。「ぼくは傘を持ってきてないよ」と困った顔でけいくんが言うと、お姉さんは「仕方がないね。どうせ海で濡れちゃった後だし、このまま濡れて帰ろう」と明るい顔で言いました。お姉さんの顔を見ていたら、けいくんもはじめくんも楽しくなってきて、荷物を片付けて、雨の中を３人で歌を歌いながら帰りました。

①海に行く途中に見た花に○をつけてください。
②はじめくんが持っていったものに○をつけてください。
③スイカ割りをしている途中で、天気はどうなりましたか。○をつけてください。
④お友だちといっしょに道を歩く時は、どうするのがよいですか。よいと思うものに○をつけてください。

〈時 間〉　各20秒

〈解 答〉　①右から２番目（アサガオ）　②左端（浮き輪）
③右から２番目（雨）　④右端（歩道に広がって歩かない）

学習のポイント

お話の記憶の問題です。それほど長いお話ではありませんが、当校入試のお話の記憶の課題では、場面に沿った内容よりも、その中の細かい描写から出題されることが多いため、聞き逃さないよう注意してください。細かな部分まで聞き取るにも、「誰が、いつ、何を、どうした」を意識して聞くのがよいでしょう。お話の筋が理解できると、細かい部分にまで注意を払いながら、場面をイメージする余裕が持てます。また、④は公衆のマナーについて問う常識分野の問題です。お話を聞き取る課題では、マナーや、季節や行事、生きものについてといったほかの分野の知識が必要とされる問題が出題されることがよくあります。こうした問題に対応するためにも、お子さまの得意・不得意に合わせて、幅広い分野の対策学習をバランスよく行っておきましょう。

【おすすめ問題集】

Ｊｒ・ウォッチャー19「お話の記憶」、56「マナーとルール」、
1話5分の読み聞かせお話集①・②、お話の記憶 初級編・中級編・上級編

問題26　分野：複合（見る記憶・聞く記憶）

観察　集中

〈準 備〉　鉛筆

〈問 題〉　（問題26-１の絵を見せる）
お父さん、お母さん、男の子、女の子が、それぞれ明日の休みにやりたいことを話しています。よく見て覚えてください。
（問題26-１の絵を伏せて、問題26-２の絵を渡す）

①女の子は、みんなで遊園地に行きたいと言いました。女の子が乗りたいと言っていた乗りものはどれでしたか。１番上の段の絵の中から選んで、○をつけてください。
②お父さんは、みんなでゲームやスポーツをしたいと言いました。お父さんがしたいと言っていたのはどれですか。上から２番目の段の絵の中から選んで、○をつけてください。
③お母さんは、水族館に行きたいと言いました。お母さんが見たいと思っていたのは、どの生きものですか。下から２番目の段から選んで、○をつけてください。
④男の子は、みんなで動物園に行きたいと言いました。男の子が見たいと思っている動物はどれでしたか。１番下の段の絵の中から選んで、○をつけてください。

〈時 間〉　各30秒

〈解 答〉　①左端（ゴーカート）　②左から２番目（トランプ）
③右端（クラゲ）　④左端（フラミンゴ）

学習のポイント

見る記憶の問題です。少し変わった形式の問題です。１枚目の絵の中に描かれていたものを記憶し、２枚目の絵の中から探すという、見る記憶の問題の基本的なポイントは同じです。こうした絵を記憶する際は、「まず全体を見る」「その後、細かい部分を見る」という目の配り方を身に付けるとよいでしょう。全体を見て、どんなものが描かれているか、描かれているものの数や配置を大まかに把握することで、その後細かい内容を確認する際に、見落としをすることが少なくなります。また、細かいところを見ることから始めてしまうと、意識が１点に集中してしまい、ほかの部分を確認する前に時間切れになってしまう場合もあります。このような目の配り方は、計数や数量の問題でも応用の効くテクニックです。関連の類題に取り組む際などに指導しておきましょう。

【おすすめ問題集】
Ｊｒ・ウォッチャー20「見る記憶・聴く記憶」

問題27 分野：推理（系列）

観察 考え

〈準備〉 鉛筆

〈問題〉 お約束にしたがって記号が並んでいます。空いている四角の中に入る記号を、下の四角から選んで○をつけてください。

〈時間〉 各30秒

〈解答〉 下図参照

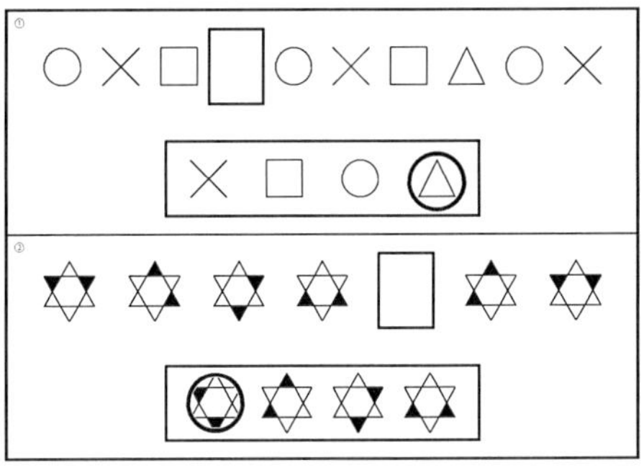

学習のポイント

記号の変化の「お約束」を見つける系列の問題です。全体を見て、記号がどのように並んでいるかを見極め、そのパターンにしたがって問題の部分に入るものは何かを推理する思考力が観点になっています。並べられた絵をよく見て、「どのようなお約束で並んでいるのか」を見つけ、空欄に当てはまる形を答えるのが基本的な解き方になります。記号の並びや絵の変化に注目するようにヒントを出して誘導しながら、お子さまが気付くことができるように指導してください。また、どうしてもお約束が見つけられないようなら、左右の手を同じ記号の上に置き、１つずつずらしながら確認していく方法を試してみるのもよいでしょう。左右で同じ記号が繰り返されていれば、そのパターンがお約束ということになります。しかし、これはあくまでハウツーに過ぎません。実際の試験では、こうしたお約束を見つけ出すことのできる推理力が観点ですので、観察し、考えて答えを導けるよう指導してください。

【おすすめ問題集】
　Ｊｒ・ウォッチャー６「系列」、31「推理思考」

問題28　分野：数量（計数・比較）　観察　考え

〈準備〉　鉛筆

〈問題〉　①イチゴが２番目に多いお皿の絵に○をつけてください。
②アメが２番目に少ないお皿の絵に○をつけてください。
③この中で１番長いひもに○をつけてください。

〈時間〉　各30秒

〈解答〉　下図参照

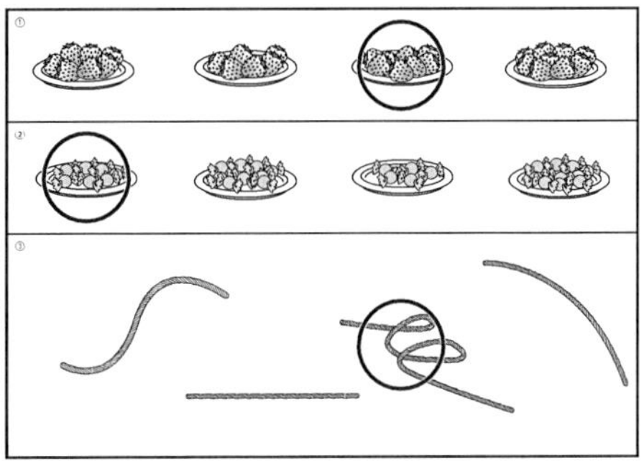

学習のポイント

①、②は計数の問題ですが、数えるべき対象が密集しているため、一見して多少を見分けることは難しいかもしれません。試験に向けて、10個くらいのものの数を、すばやく数えられるように練習を繰り返しておきましょう。練習時は、まずは正確さを優先してください。練習時には、数え忘れや重複を防ぐために、絵に印を付けていくという方法も有効です。しかし実際の試験ではこうした印をつけることが禁じられていたり、絵を覚えてその数だけ○を書くといった形式での出題も考えられます。正確に数えられるようになってきたら、印をつけずに数える練習に取り組みましょう。③はひもの長さを目測で比較する問題です。本問のような、基準となるマス目などがない中で長さを比較するのは難しいことです。実際に長さの違うひもを用意し、1番長いものを選ぶなどしてみましょう。その過程で、ピンと張ったひもより、少し曲がっているひもの方が長い、巻いた数が多いひもの方が長いなどが、感覚的に理解できるようになります。

【おすすめ問題集】

Ｊｒ・ウォッチャー14「数える」、15「比較」、31「推理思考」

問題29　分野：運筆　集中

〈準　備〉　鉛筆

〈問　題〉　それぞれの絵の点線をなぞってください。

〈時　間〉　各15秒

〈解　答〉　省略

学習のポイント

線をなぞる巧緻性の課題です。本問では鉛筆を使用しますが、本校の入試では黒以外にも赤や青の色鉛筆を使用する問題も出題されています。また、それ以外にもクレヨンやサインペン、マジックペンなど、小学校受験で使われる筆記用具にはさまざまなものがあります。筆記用具によって線の太さや書きやすさ、インクで紙が滲むかどうかなどの違いがありますから、お絵描き遊びなどの際にさまざまな筆記用具・画材をすすめて、その使い心地に慣れさせておきましょう。線をなぞるという動作自体は、難しいものではありませんが、簡単な動作であるからこそ、ていねいな仕上がりが求められているとも考えられます。線は、ペン先と終点を交互に見て、線を微調整しながら引いていくという前の問題で紹介した方法が、曲線でも応用できます。ふだんのお絵描き遊びの際に、思い通りの線を引く方法として身に付けておきましょう。

【おすすめ問題集】

Ｊｒ・ウォッチャー51「運筆①」、52「運筆②」

問題30　分野：言語（しりとり）

観察　語彙

〈準備〉　鉛筆

〈問題〉　左上の絵から始めて、しりとりがつながるように、四角の中に２つある絵のどちらかに○をつけてください。

〈時間〉　各30秒

〈解答〉　①（カラス）→スイカ→（カブトムシ）→シカ→（カキ）→キク→（クレヨン）
②（コマ）→まな板→（タケ）→ケーキ→（気球）→ウサギ→（ギター）

学習のポイント

しりとりを使った言語分野の問題です。しりとりは小学校入試ではよく取り上げられる問題で、本校でも出題されることが多くあります。言葉が音の集まりであることを理解し、それを使いこなすことができているかが観られています。言葉と音の関係を理解し、知識を増やしていくためには、日頃の遊びの中にも積極的に言葉遊びを取り入れていくのがよいでしょう。楽しみながら飽きずに取り組むことができます。言葉遊びはしりとりのほかに、同じ音（おん）から始める言葉をつなぐ頭音つなぎや、その逆の尾音つなぎ、同音異義語を挙げていくゲームなどがあります。いずれも、言語分野の問題の形式と似たルールですので、意識してお子さまとこうした遊びに親しむようにしましょう。また、言語分野の問題には音の数がポイントとなるものもあります。お子さまが音について理解ができていないようならば、言葉についての学習する際に、１音ずつ切って、はっきり発音して教えるという方法もあります。

【おすすめ問題集】
Ｊｒ・ウォッチャー18「いろいろな言葉」、49「しりとり」、
60「言葉の音（おん）」

大阪教育大学附属天王寺小学校　専用注文書

年　　月　　日

合格のための問題集ベスト・セレクション

＊入試頻出分野ベスト３

1st　お話の記憶

集中力　聞く力

2nd　図　形

思考力　観察力

3rd　行動観察

聞く力　話す力　思考力

分野は広く、基礎から応用まで思考力を問う試験です。「親子活動」「保護者作文」も導入されています。お子さまの学力だけなく、保護者も試される試験になったと言えるでしょう。

分野	書　名	価格(税抜)	注文	分野	書　名	価格(税抜)	注文
図形	Ｊｒ・ウォッチャー１「点・線図形」	1,500円	冊	推理	Ｊｒ・ウォッチャー31「推理思考」	1,500円	冊
図形	Ｊｒ・ウォッチャー６「系列」	1,500円	冊	常識	Ｊｒ・ウォッチャー34「季節」	1,500円	冊
常識	Ｊｒ・ウォッチャー11「いろいろな仲間」	1,500円	冊	図形	Ｊｒ・ウォッチャー48「鏡図形」	1,500円	冊
数量	Ｊｒ・ウォッチャー14「数える」	1,500円	冊	数量	Ｊｒ・ウォッチャー37「選んで数える」	1,500円	冊
推理	Ｊｒ・ウォッチャー15「比較」	1,500円	冊	言語	Ｊｒ・ウォッチャー49「しりとり」	1,500円	冊
言語	Ｊｒ・ウォッチャー17「言葉の音遊び」	1,500円	冊	巧緻性	Ｊｒ・ウォッチャー51「運筆①」	1,500円	冊
言語	Ｊｒ・ウォッチャー18「いろいろな言葉」	1,500円	冊	巧緻性	Ｊｒ・ウォッチャー52「運筆②」	1,500円	冊
記憶	Ｊｒ・ウォッチャー19「お話の記憶」	1,500円	冊	常識	Ｊｒ・ウォッチャー55「理科②」	1,500円	冊
記憶	Ｊｒ・ウォッチャー20「見る記憶・聴く記憶」	1,500円	冊	推理	Ｊｒ・ウォッチャー58「比較②」	1,500円	冊
巧緻性	Ｊｒ・ウォッチャー22「想像画」	1,500円	冊	言語	Ｊｒ・ウォッチャー60「言葉の音（おん）」	1,500円	冊
巧緻性	Ｊｒ・ウォッチャー23「切る・貼る・塗る」	1,500円	冊		新 願書・アンケート・作文文例集500	2,600円	冊
常識	Ｊｒ・ウォッチャー27「理科」	1,500円	冊		１話５分の読み聞かせお話集①②	1,800円	各　冊
運動	Ｊｒ・ウォッチャー28「運動」	1,500円	冊		新 個別テスト・口頭試問問題集	2,500円	冊
行動観察	Ｊｒ・ウォッチャー29「行動観察」	1,500円	冊		新 運動テスト問題集	2,200円	冊

合計	冊	円

（フリガナ） 氏　名	電　話 ＦＡＸ E-mail
住　所　〒　　　－	以前にご注文されたことはございますか。 有　・　無

★お近くの書店、または記載の電話・FAX・ホームページにてご注文をお受けしております。
電話：03-5261-8951　FAX：03-5261-8953　代金は書籍合計金額＋送料がかかります。
※なお、落丁・乱丁以外の理由による商品の返品・交換には応じかねます。
★ご記入頂いた個人に関する情報は、当社にて厳重に管理致します。なお、ご購入の商品発送の他に、当社発行の書籍案内、書籍に関する調査に使用させて頂く場合がございますので、予めご了承ください。

日本学習図書株式会社
http://www.nichigaku.jp

問題1－1

①

②

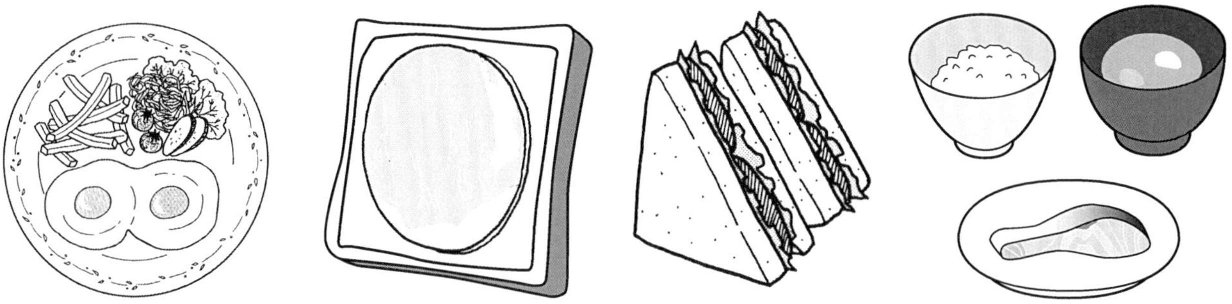

③

④

問題1－2

⑤

⑥

⑦

⑧

日本学習図書株式会社

日本学習図書株式会社

2021年度 附属天王寺 ステップアップ 無断複製／転載を禁ずる

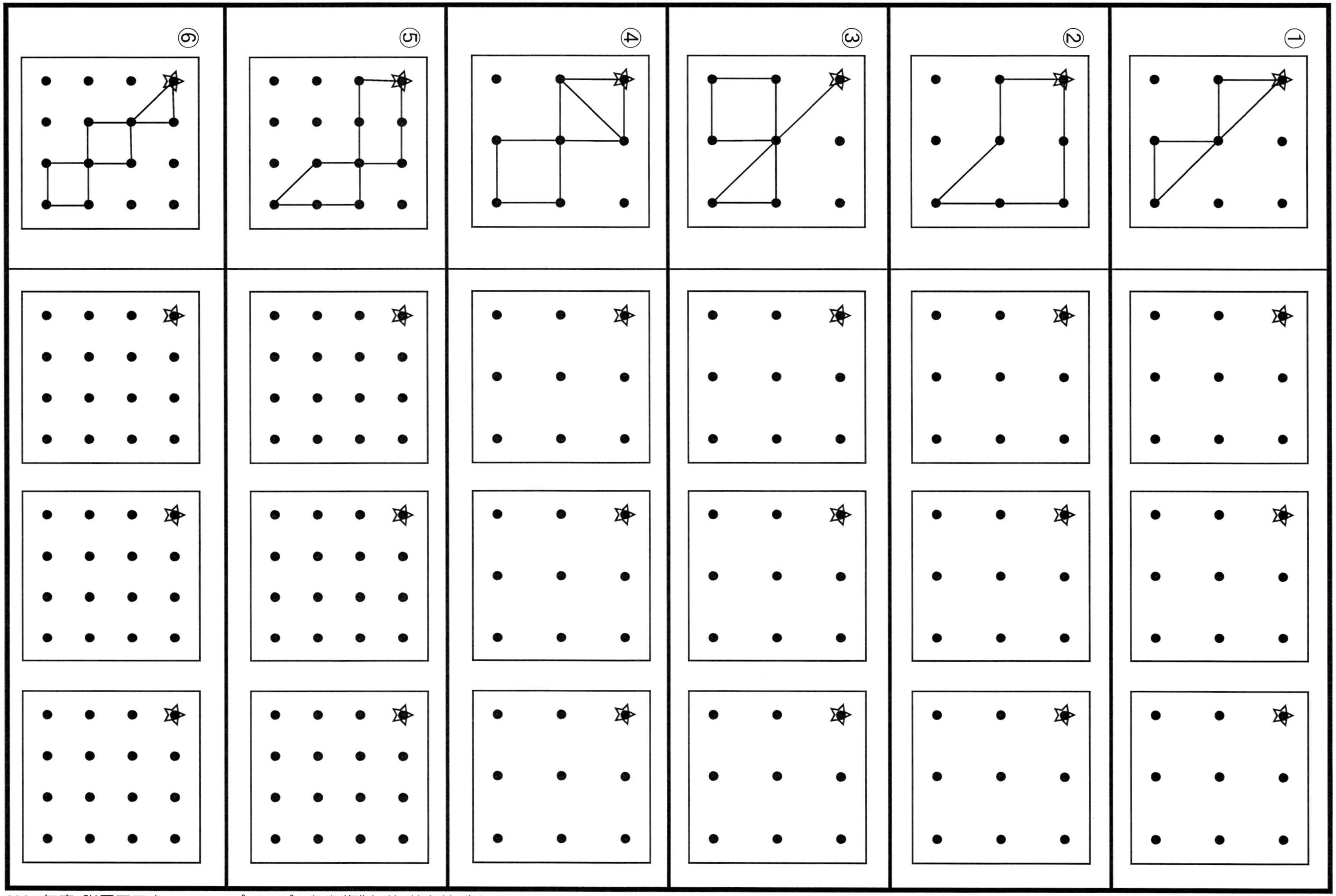

日本学習図書株式会社

2021年度 附属天王寺 ステップアップ 無断複製／転載を禁ずる

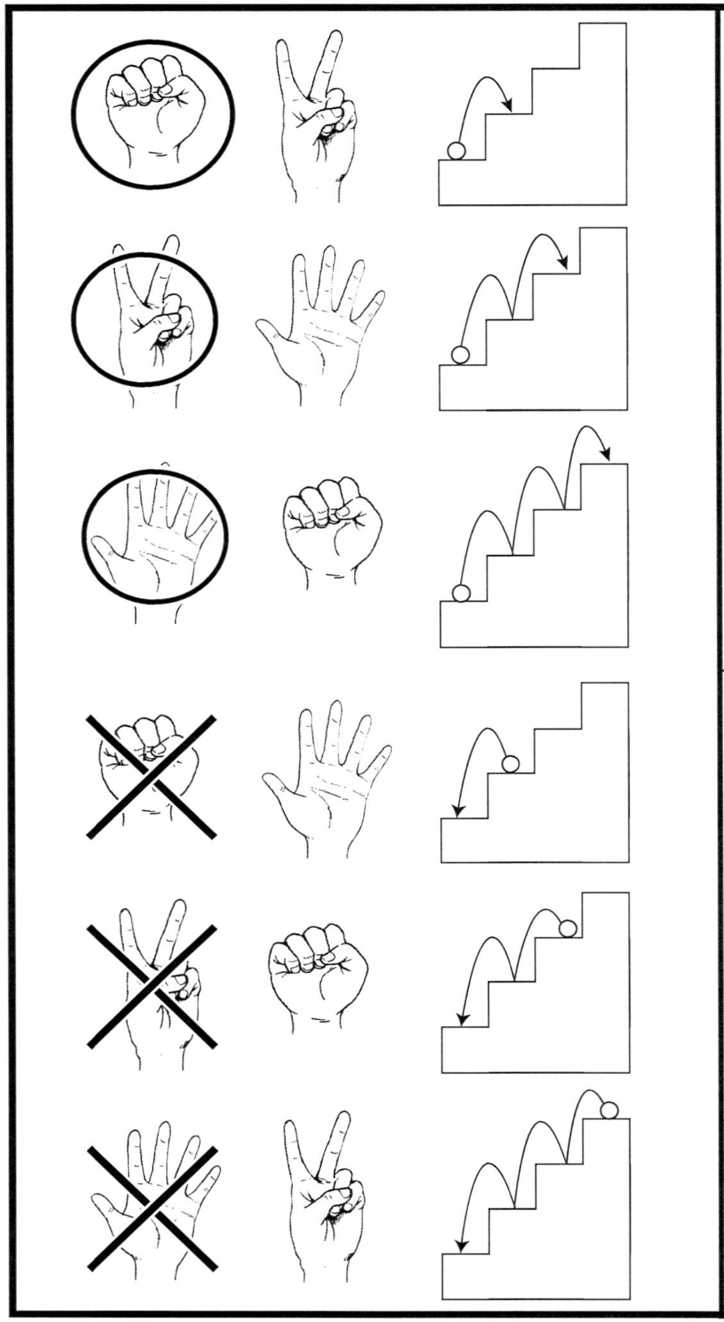

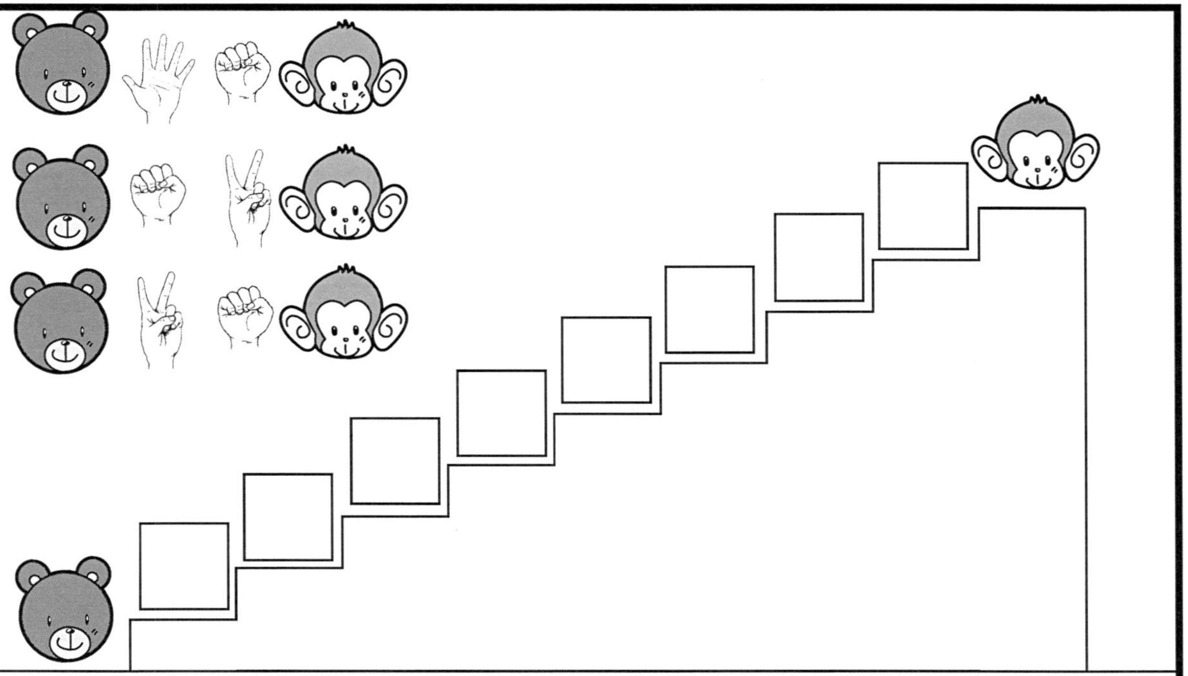

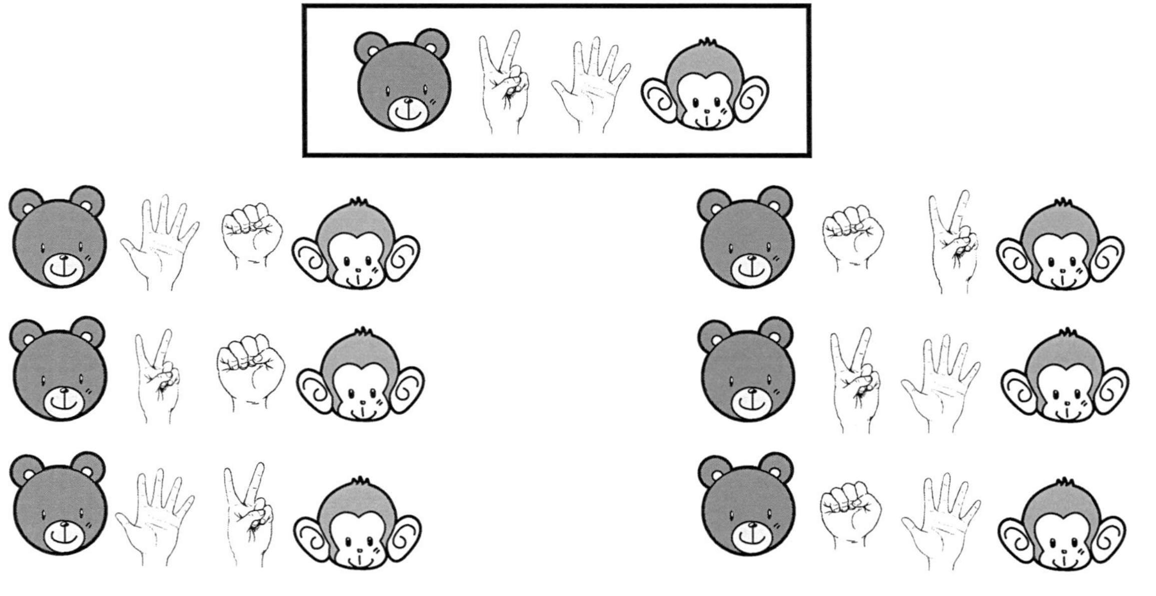

問題4－1

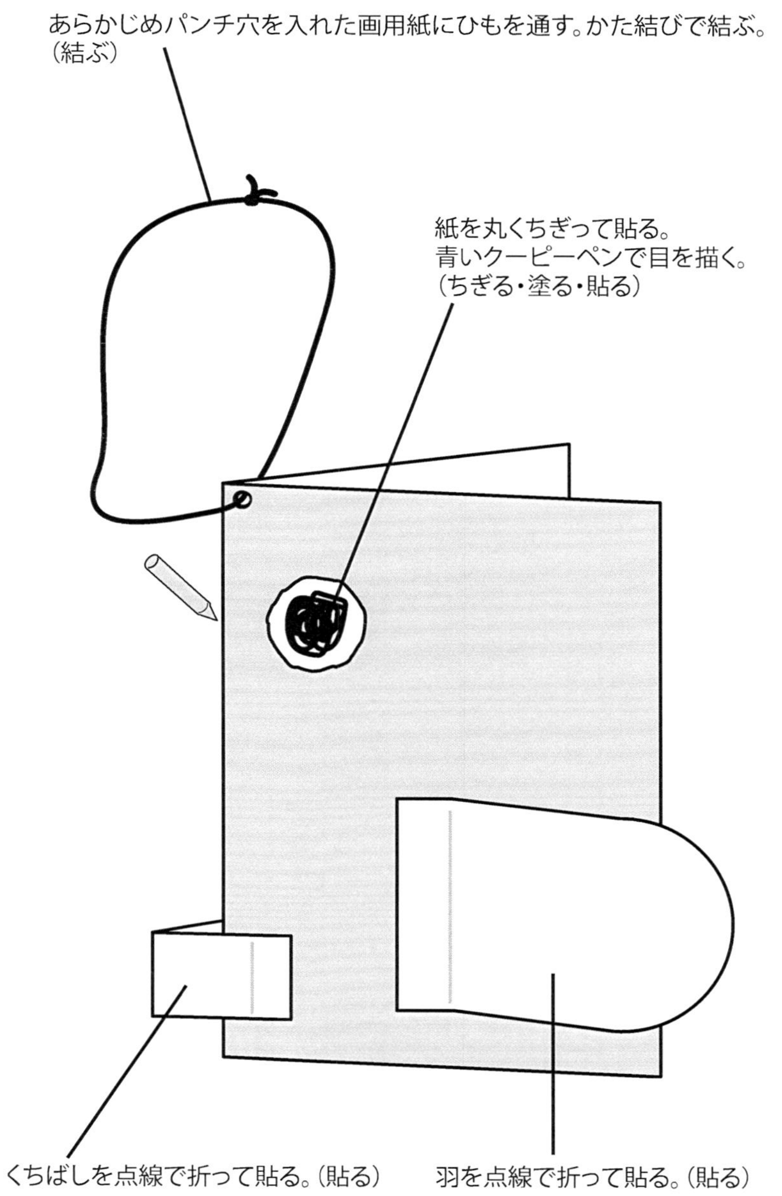
あらかじめパンチ穴を入れた画用紙にひもを通す。かた結びで結ぶ。
（結ぶ）
紙を丸くちぎって貼る。
青いクーピーペンで目を描く。
（ちぎる・塗る・貼る）
くちばしを点線で折って貼る。（貼る）
羽を点線で折って貼る。（貼る）

問題４－２

見　本

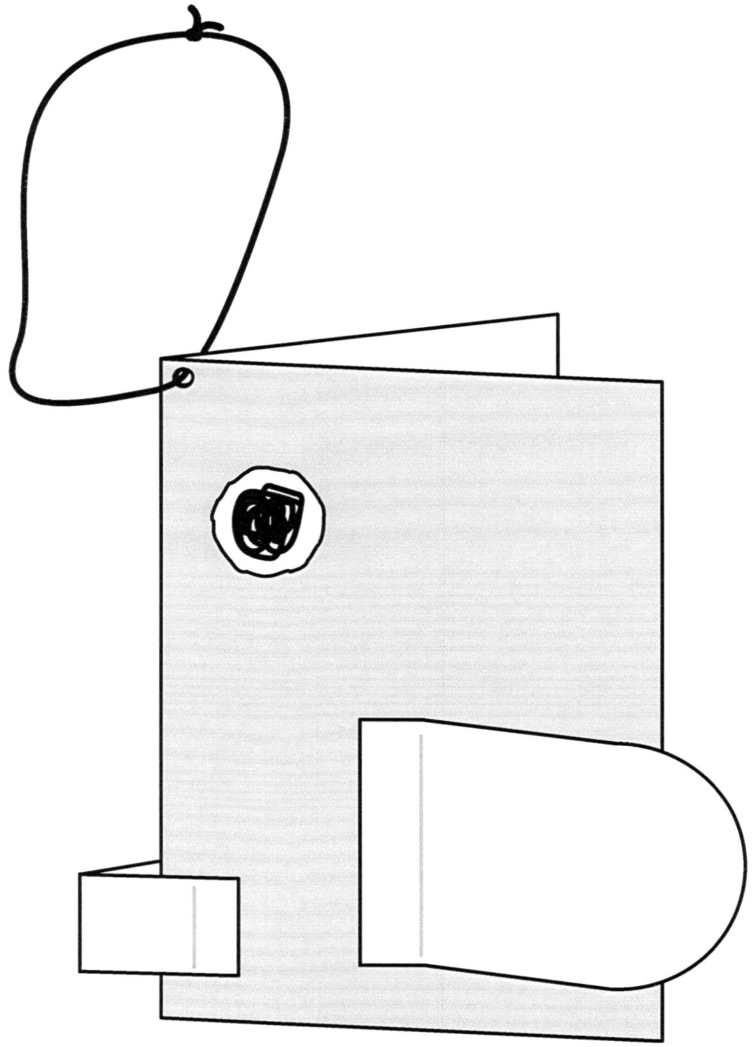

問題4－3

問題5

①

②

③

④

⑤

⑥

問題6－1

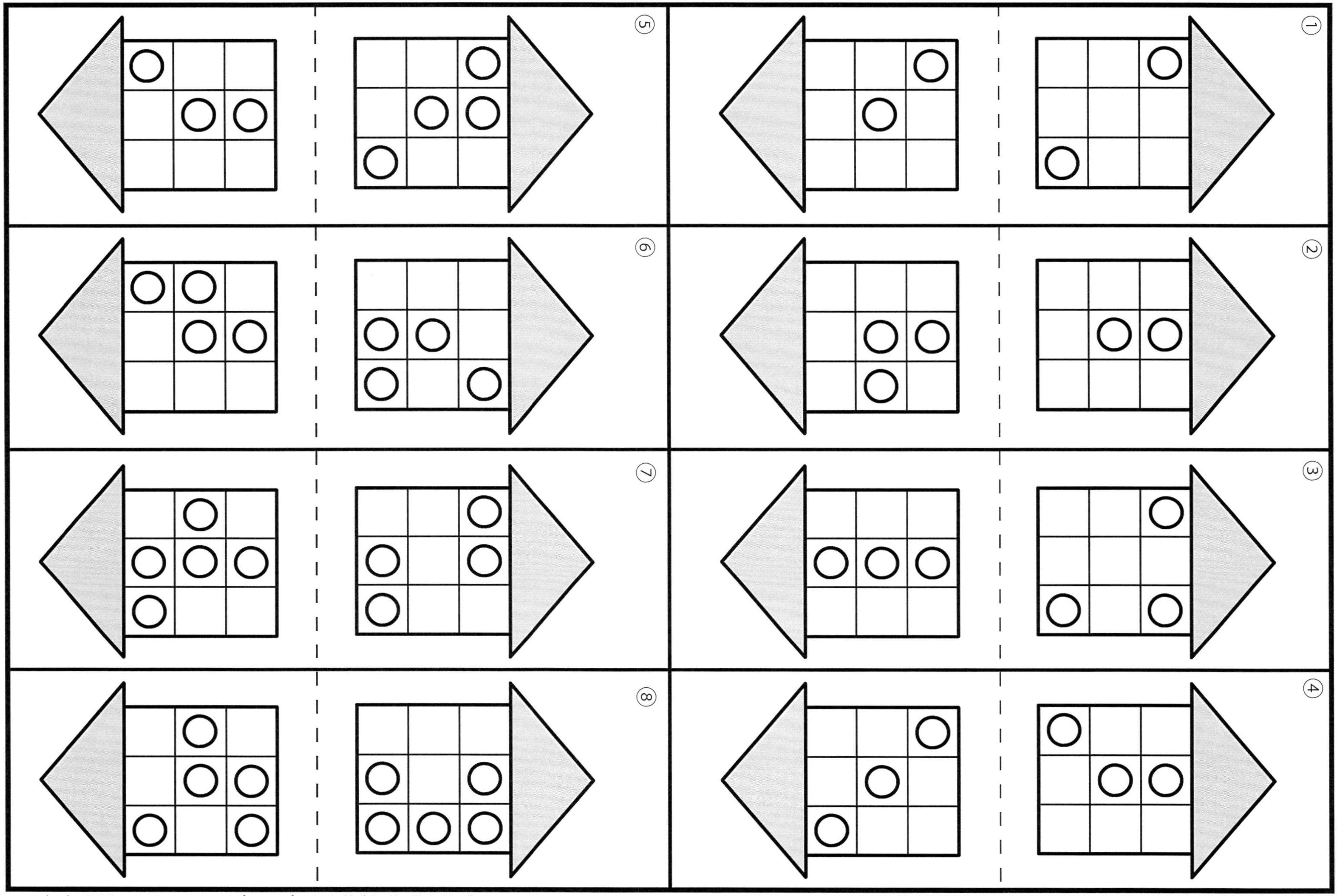

⑨ ⑩ ⑪ ⑫

⑬ ⑭ ⑮ ⑯

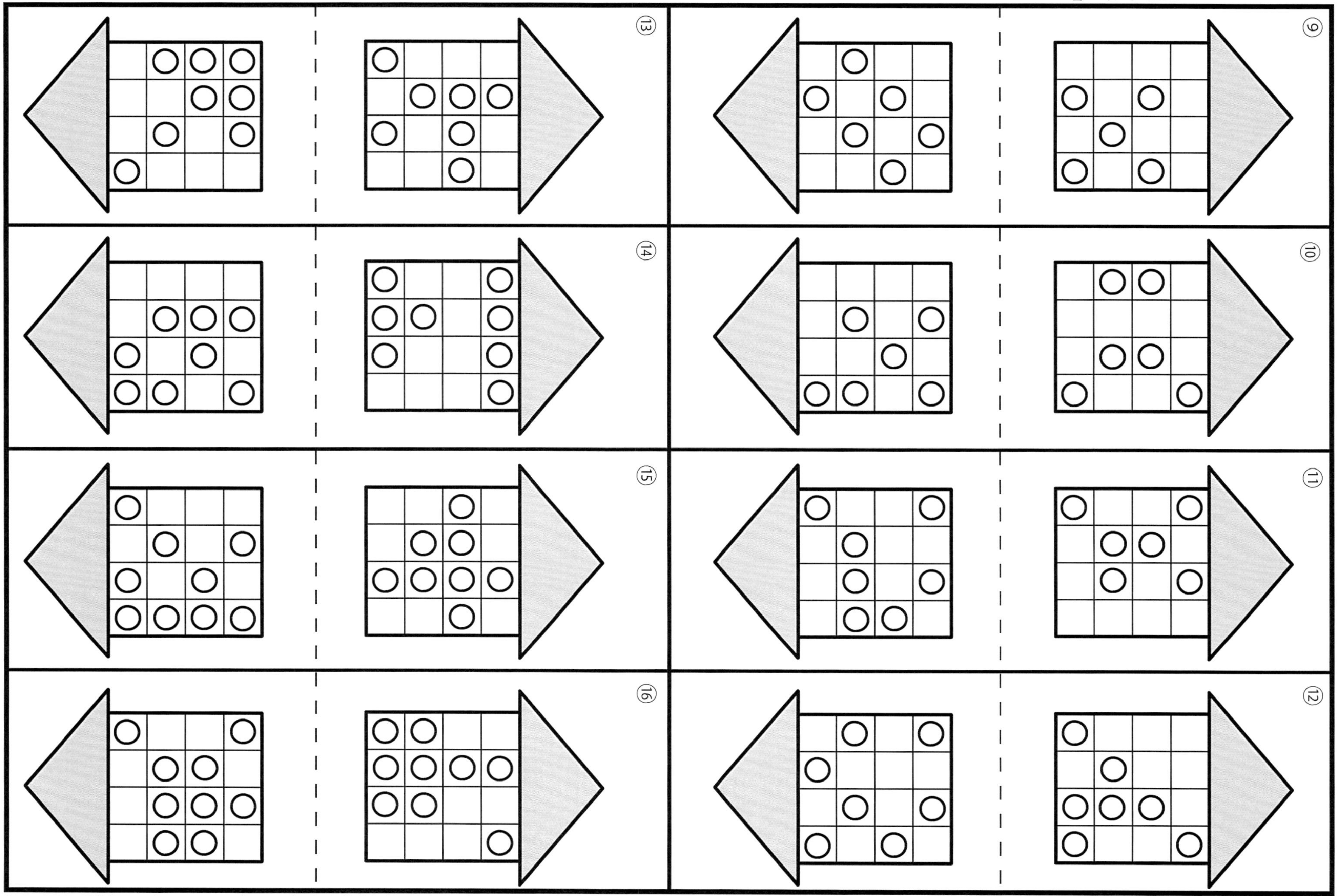

問題 7

☆	●	◎

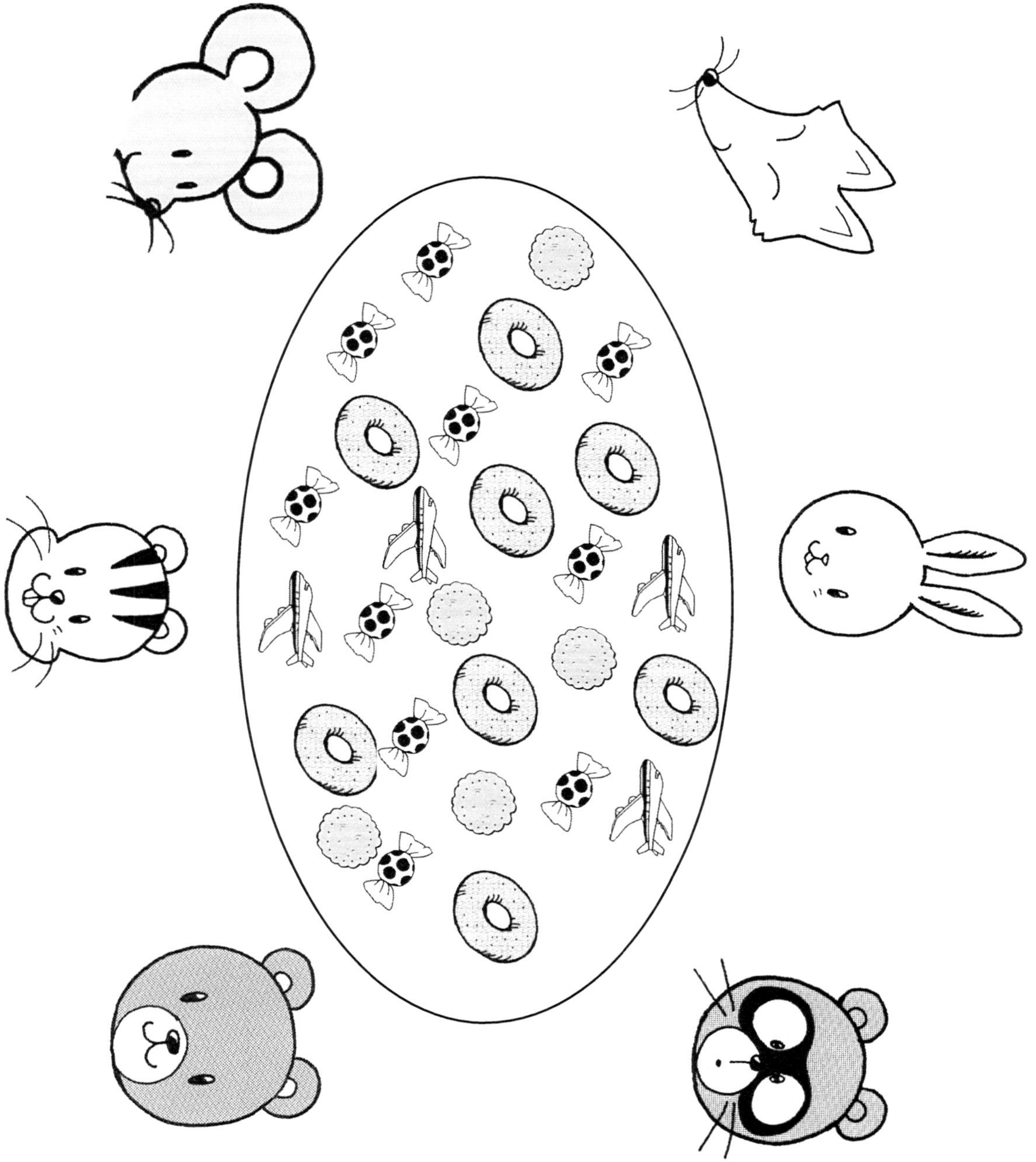

問題8

①

②

③

④

⑤

問題9

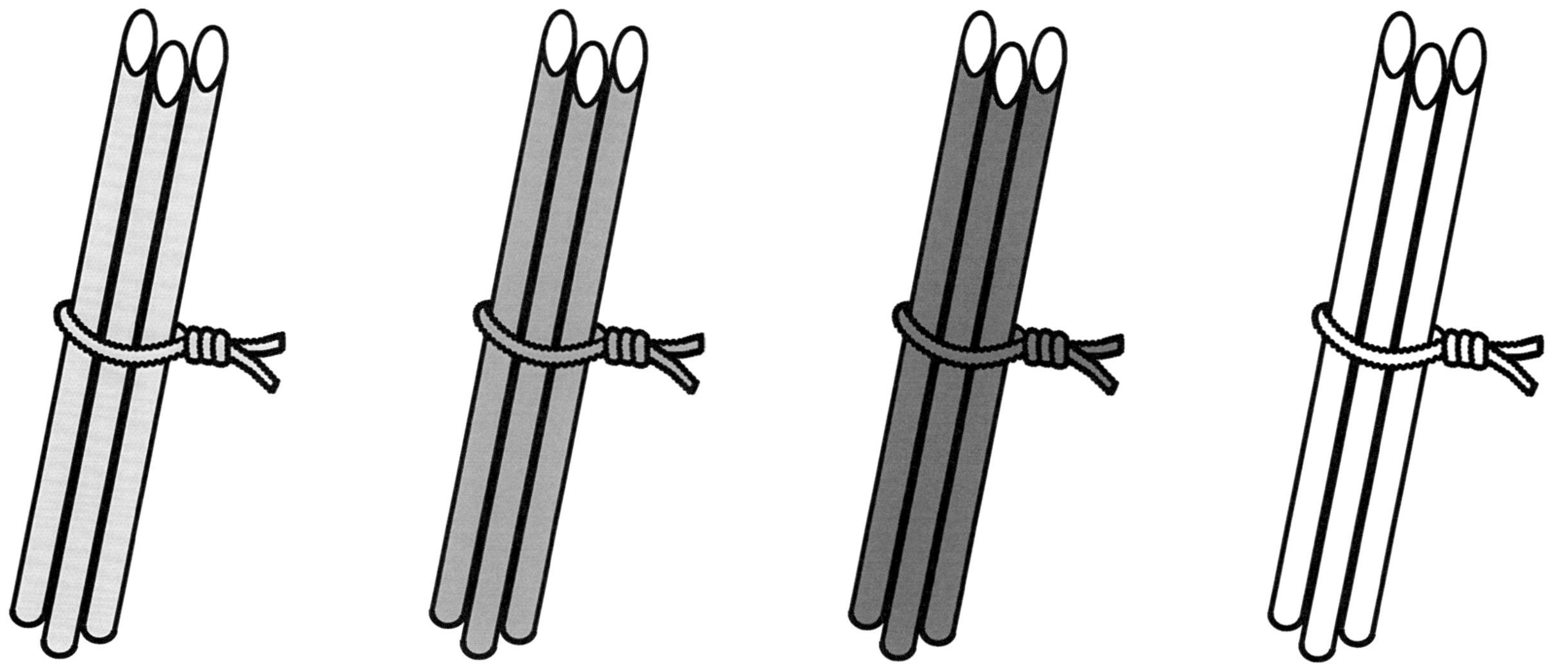

日本学習図書株式会社

2021年度 附属天王寺 ステップアップ 無断複製／転載を禁ずる

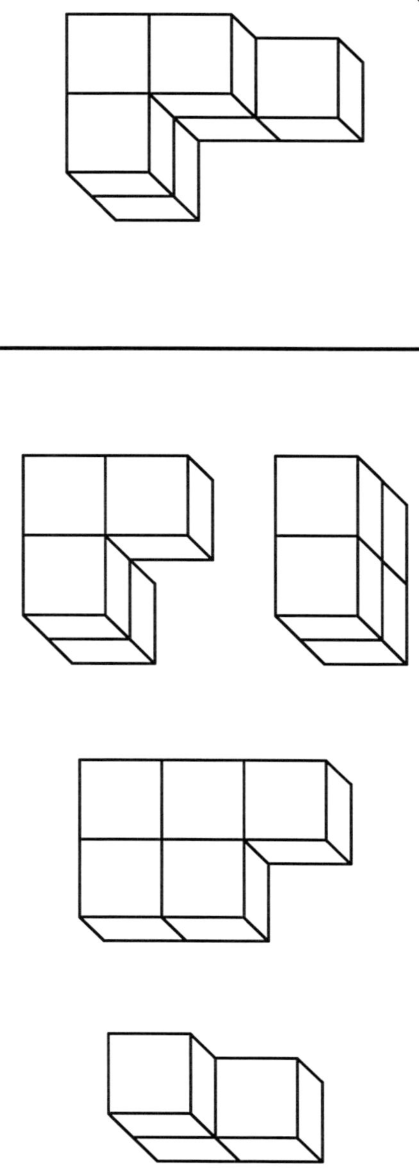

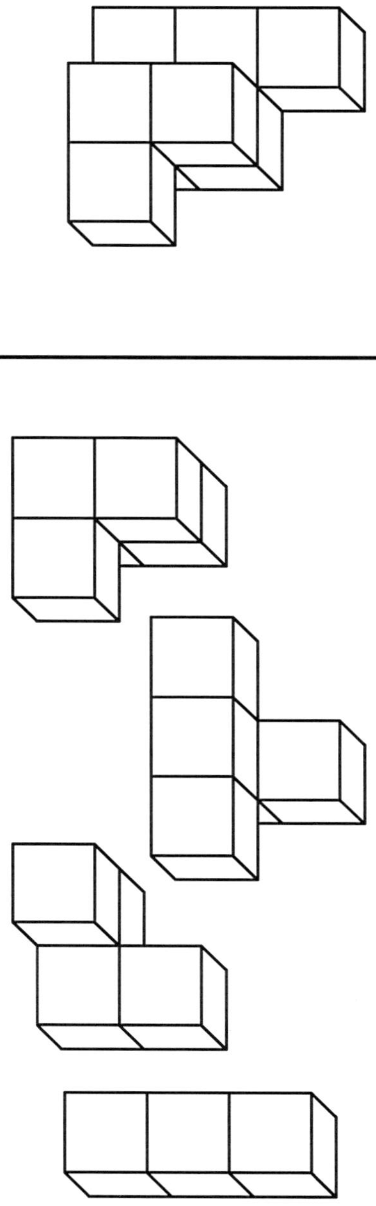

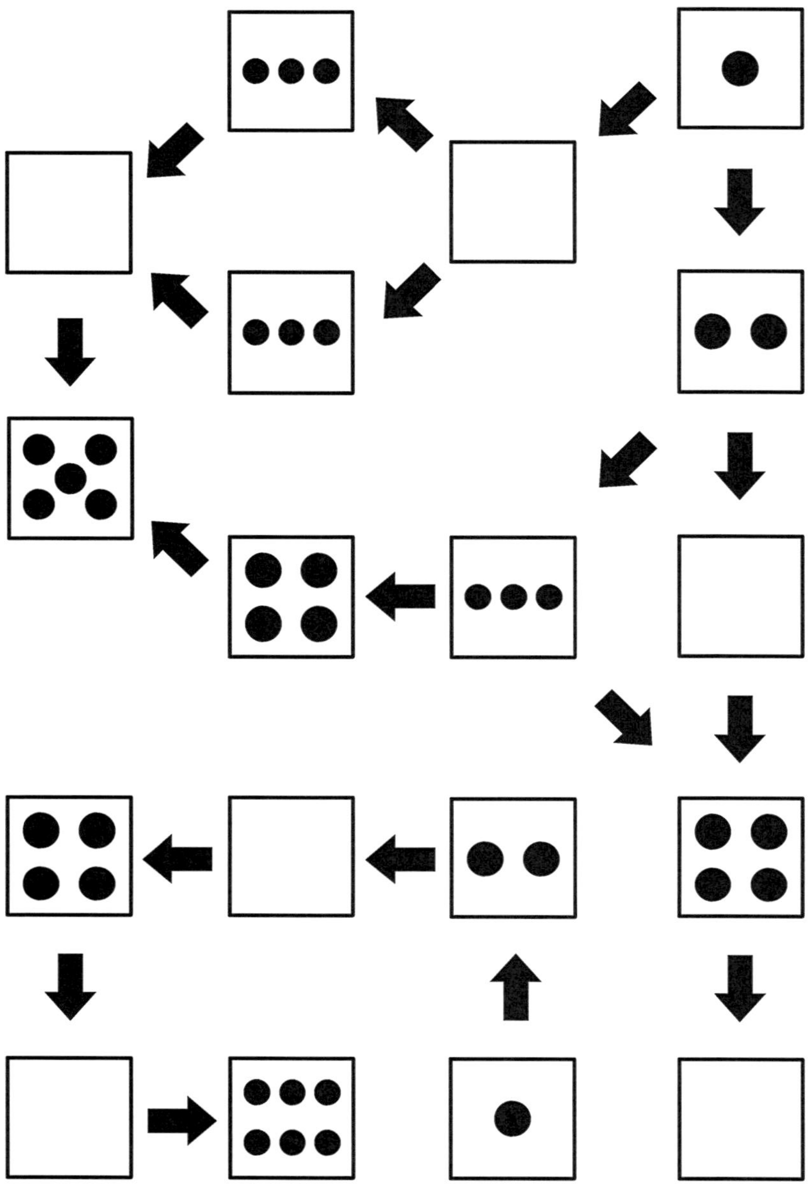

問題１１

①

②

問題12

①

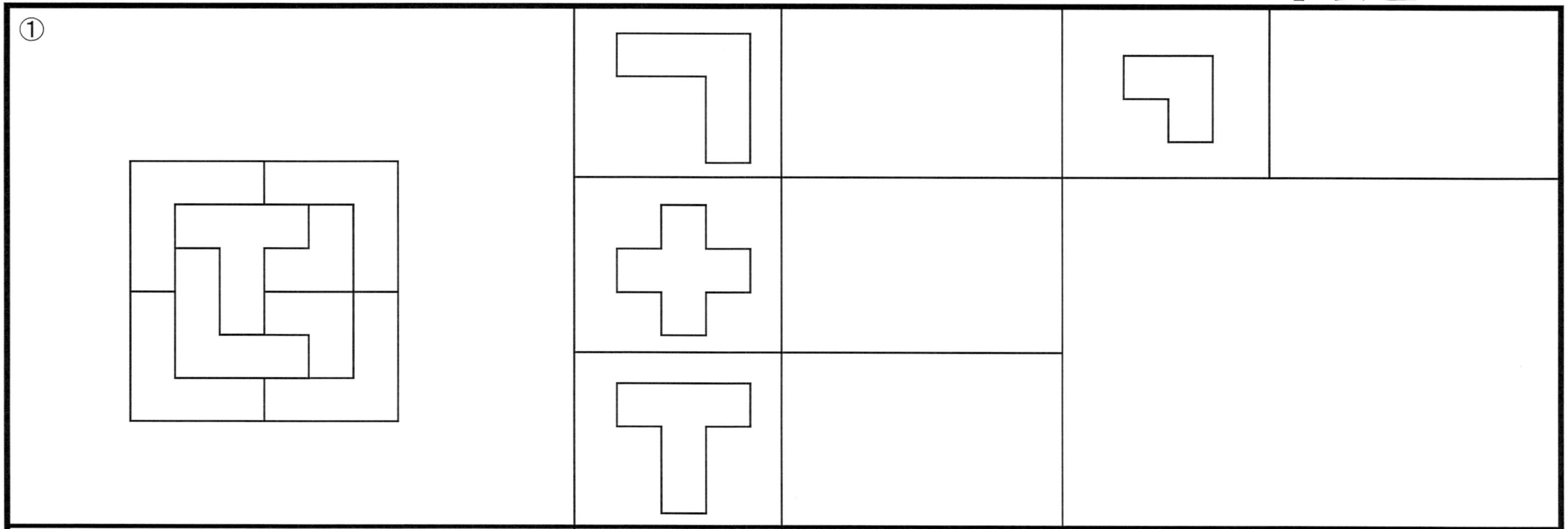

②

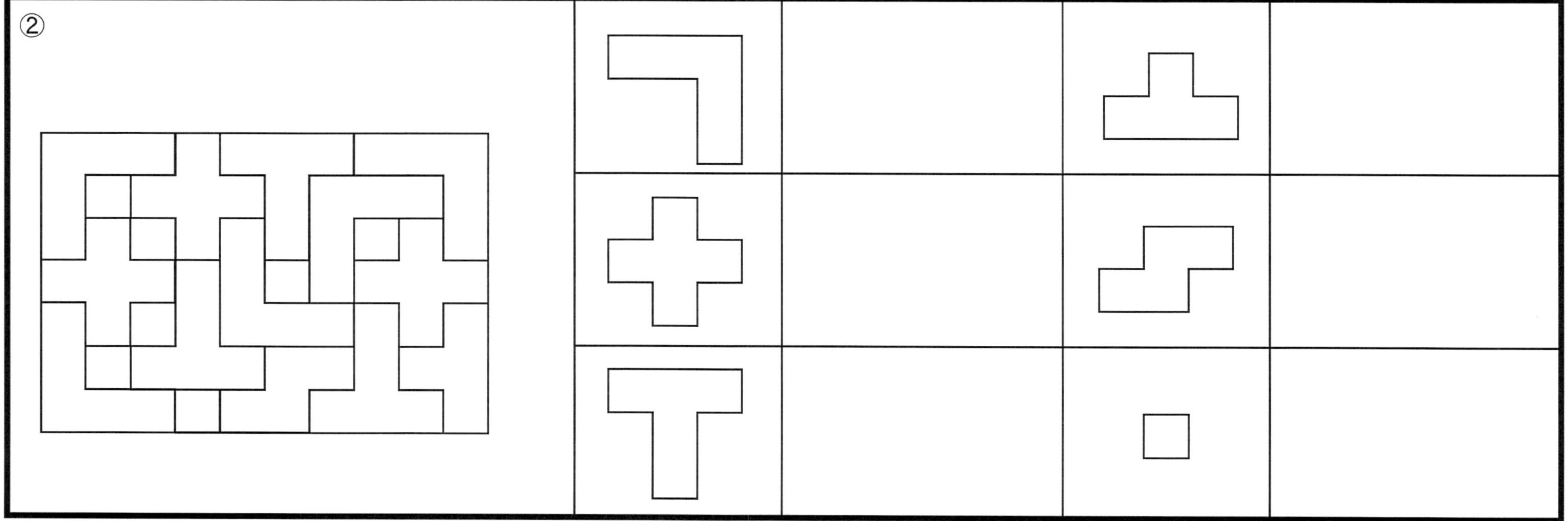

①

②

③

④

⑤

日本学習図書株式会社

2021年度 附属天王寺 ステップアップ 無断複製／転載を禁ずる

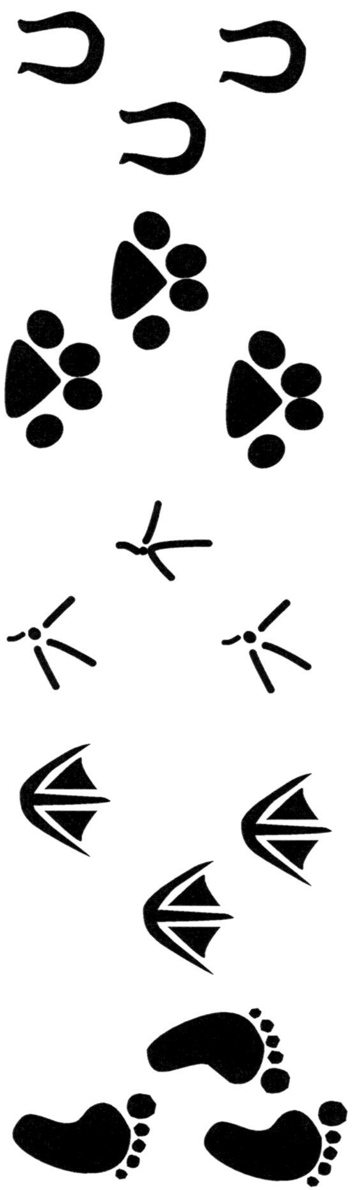

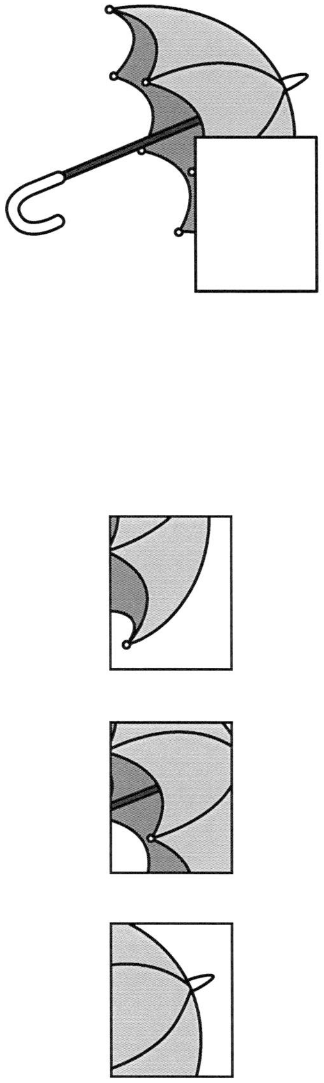

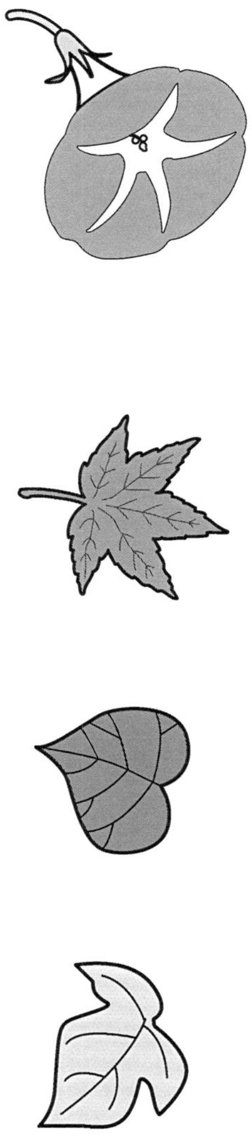

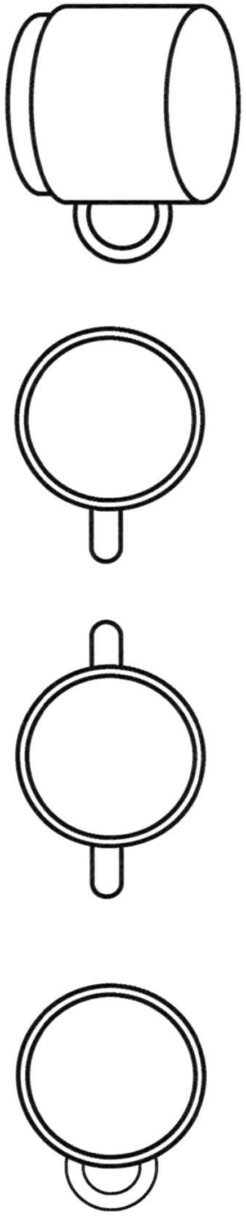

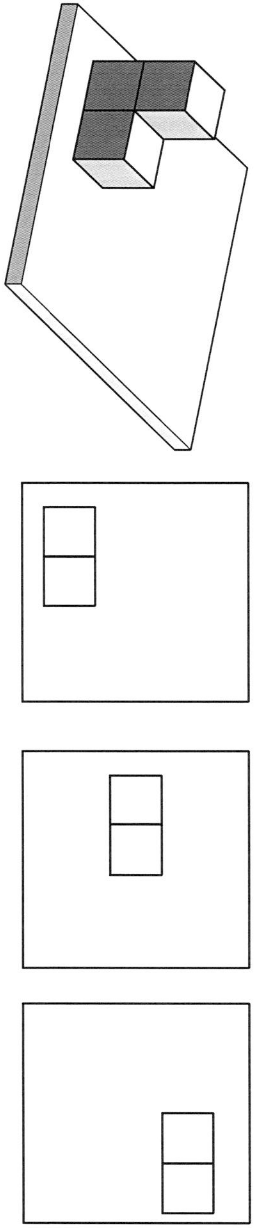

問題１４

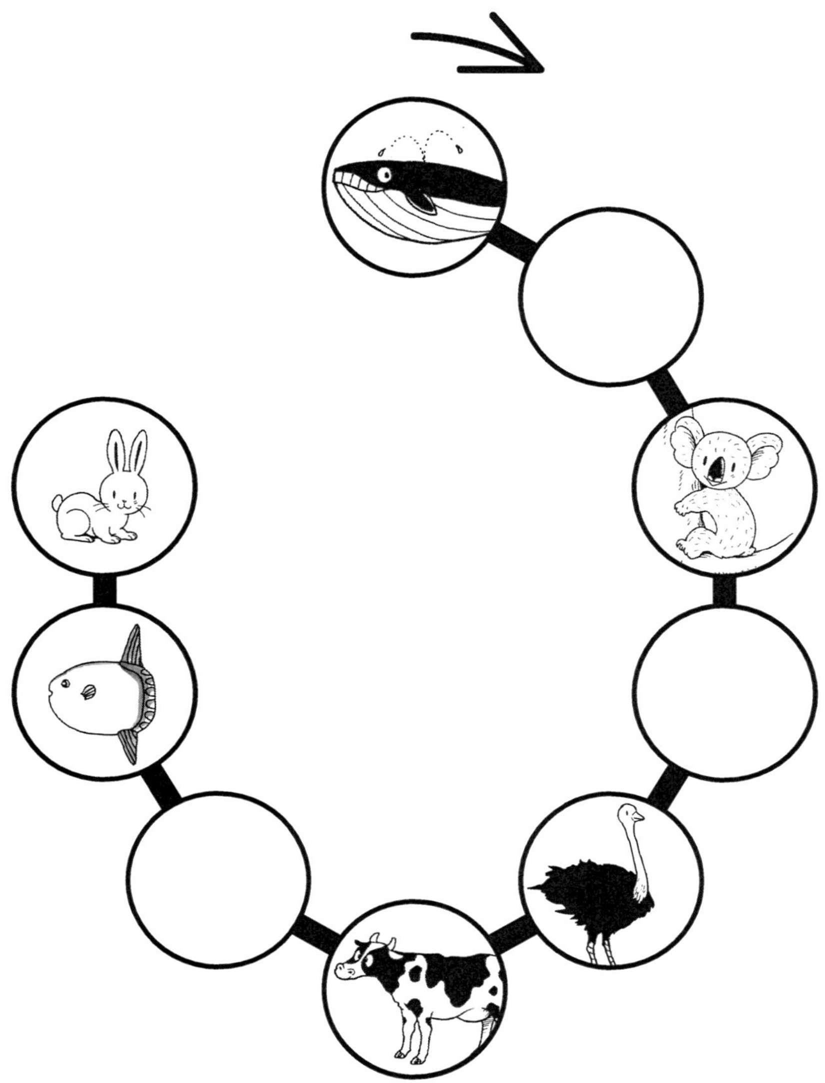

問題１５

①

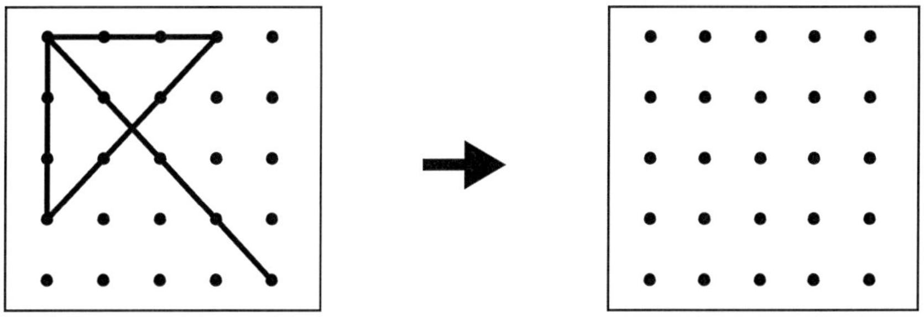

②

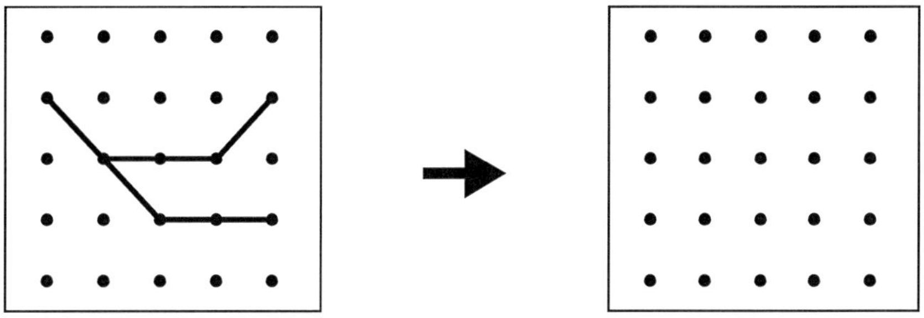

③

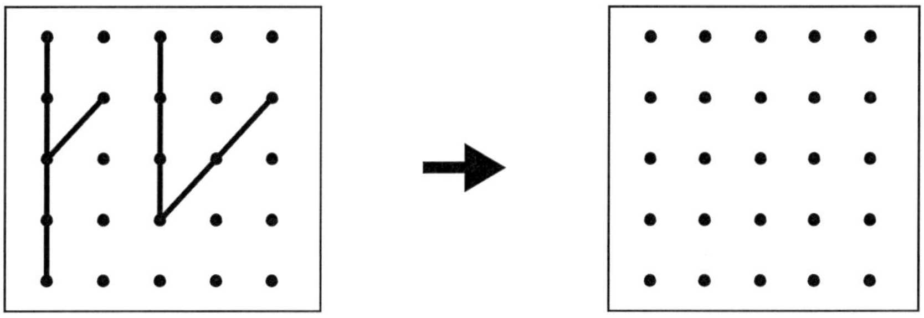

お手本

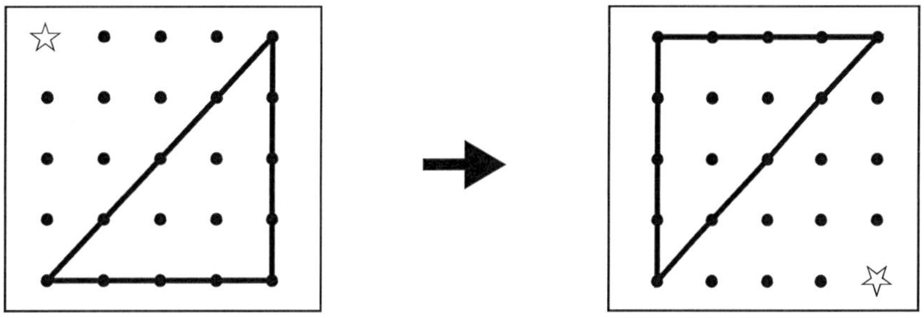

④

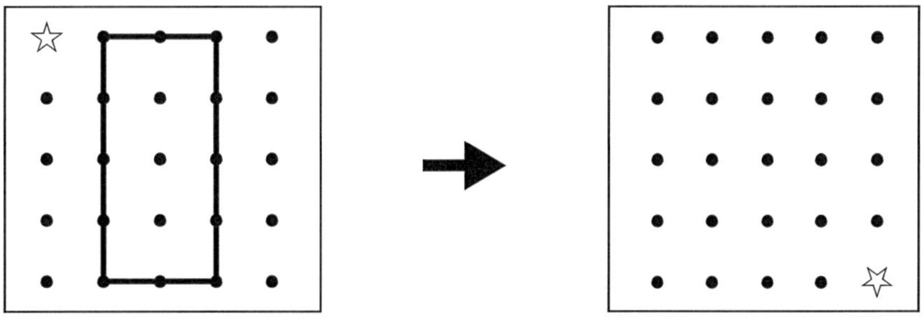

⑤

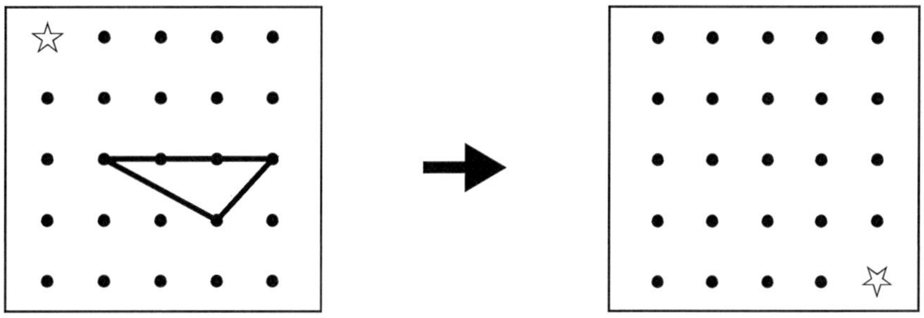

問題１６

①

②

③

2021年度 附属天王寺 ステップアップ 無断複製／転載を禁ずる 日本学習図書株式会社

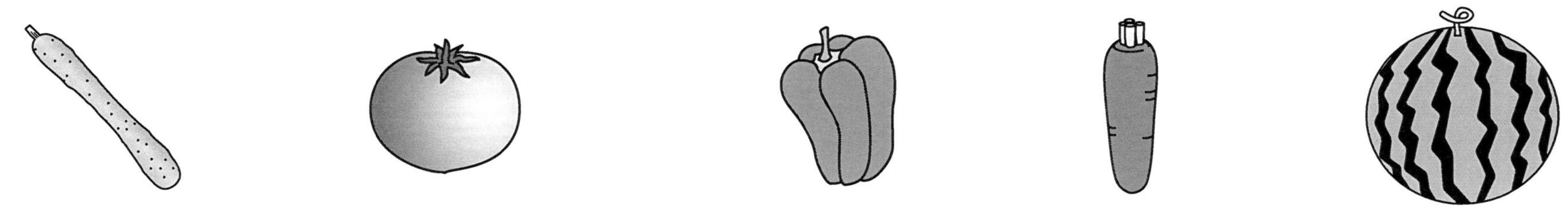

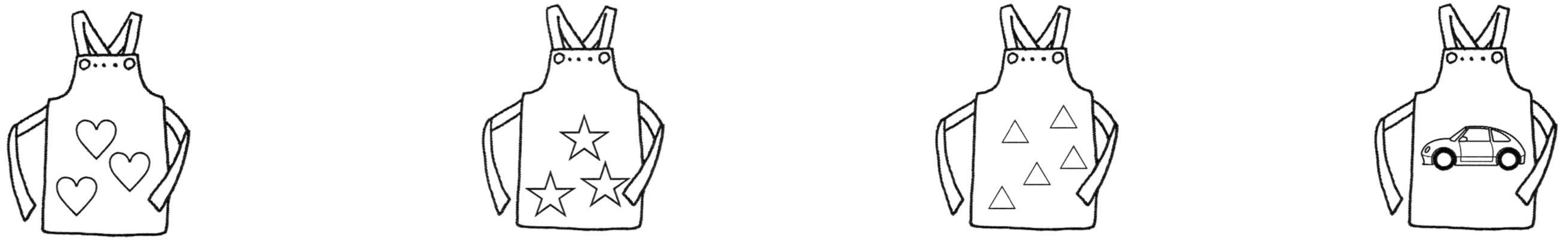

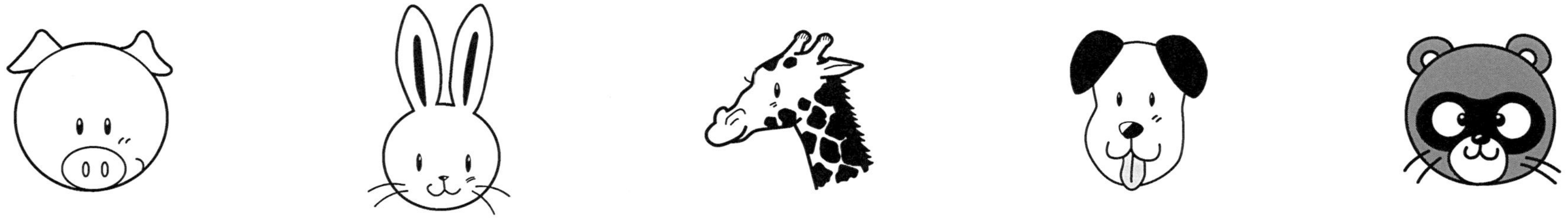

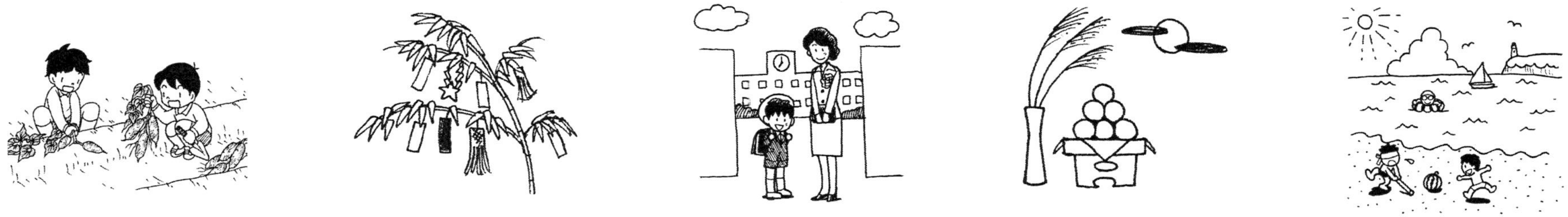

問題18－1

①

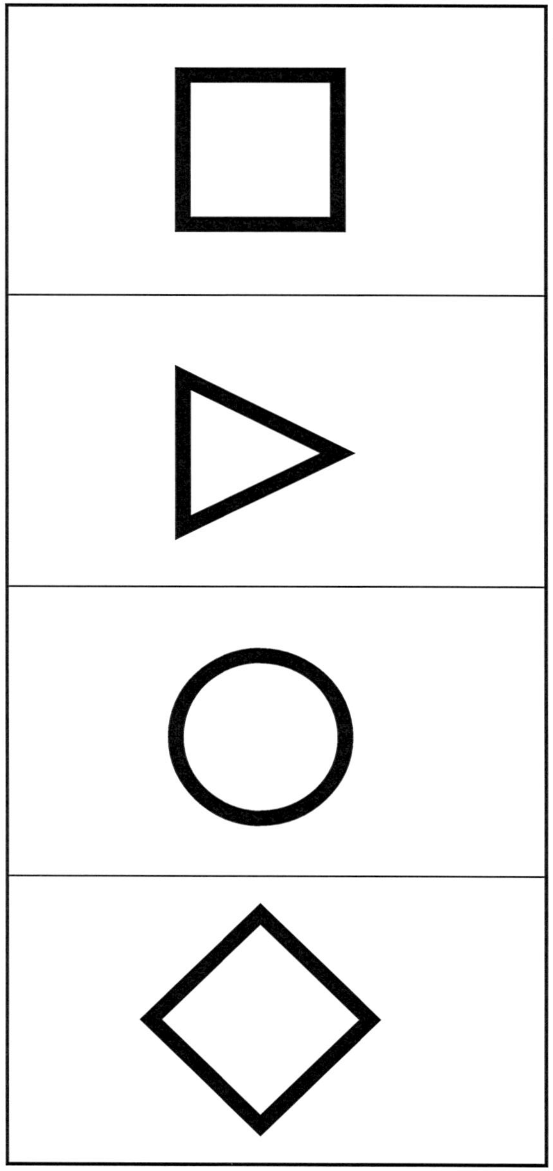

②

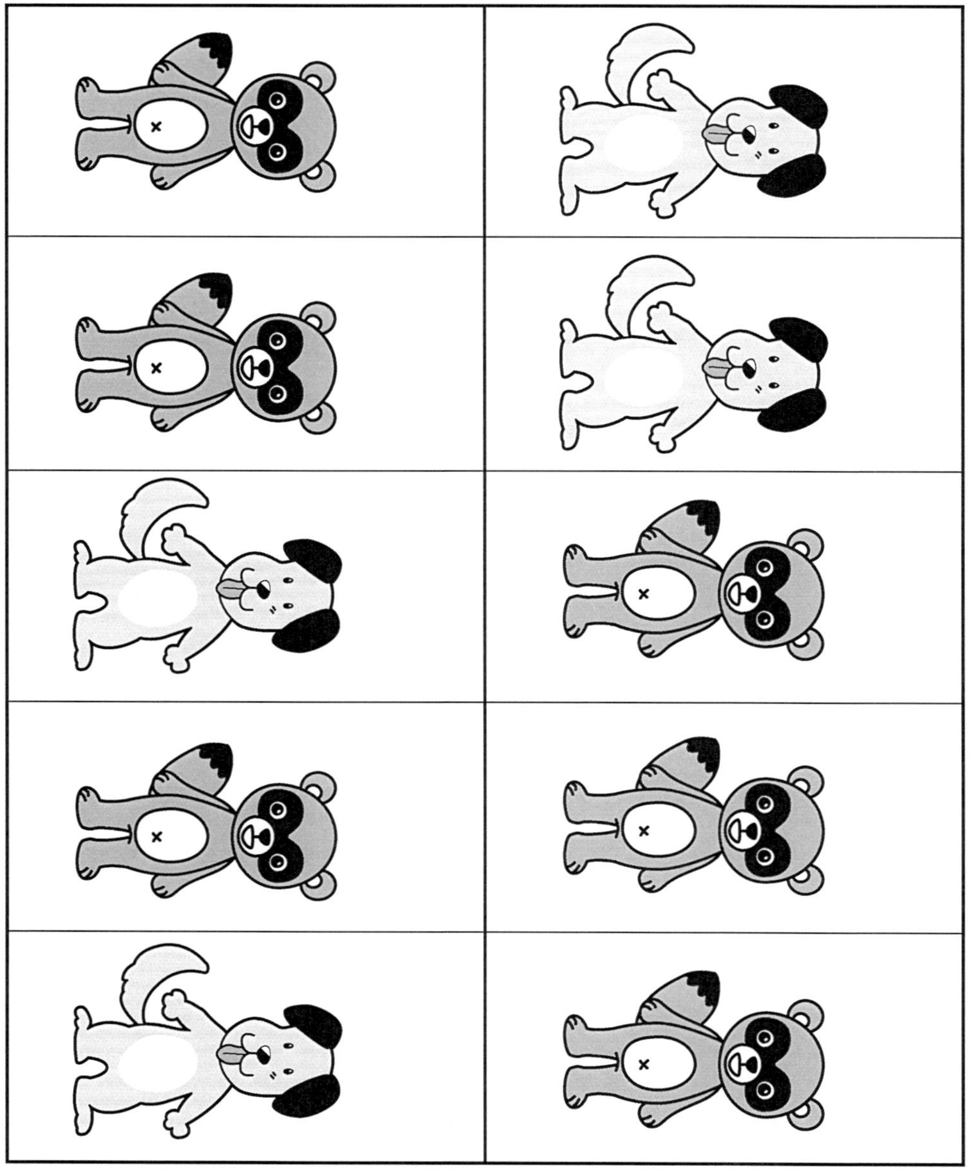

日本学習図書株式会社

①

②

問題２１

問題22

①片足ケンケンで１周回る

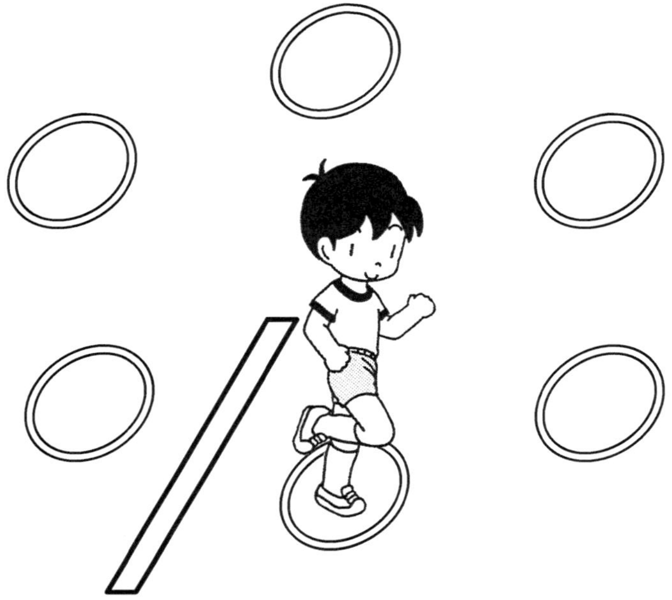

②ボールを頭より上に投げて、キャッチする。

③コーンの外側を回って、元の位置まで走る。

問題２３

①

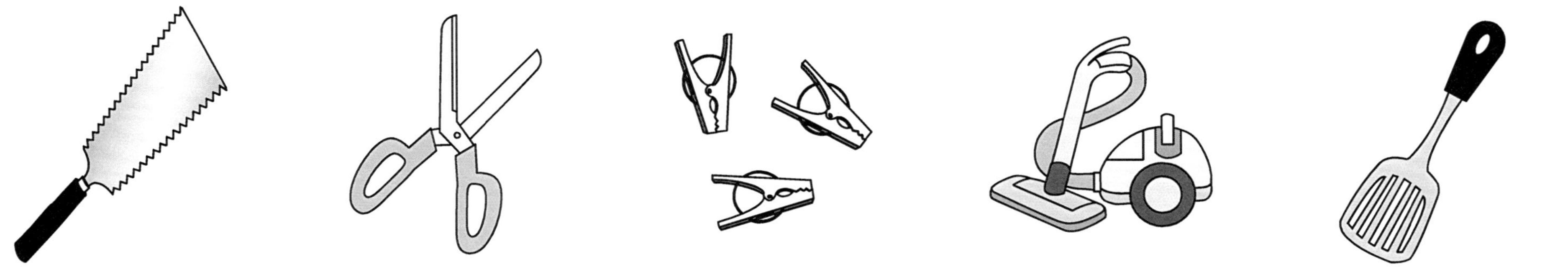

②

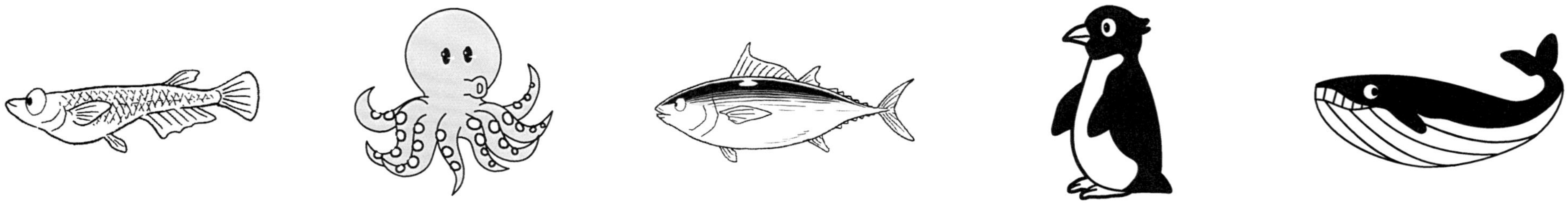

③

問題２４

①

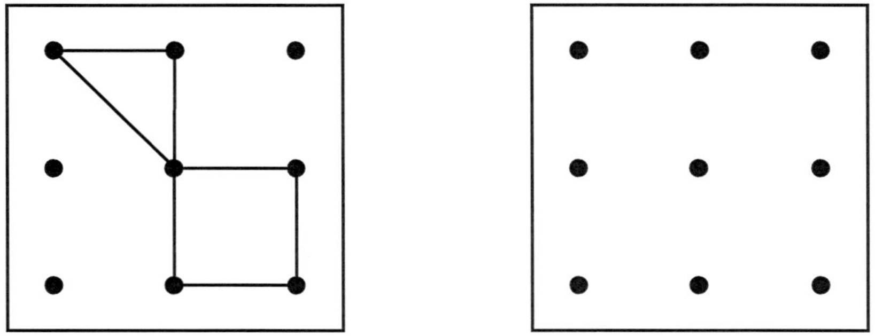

②

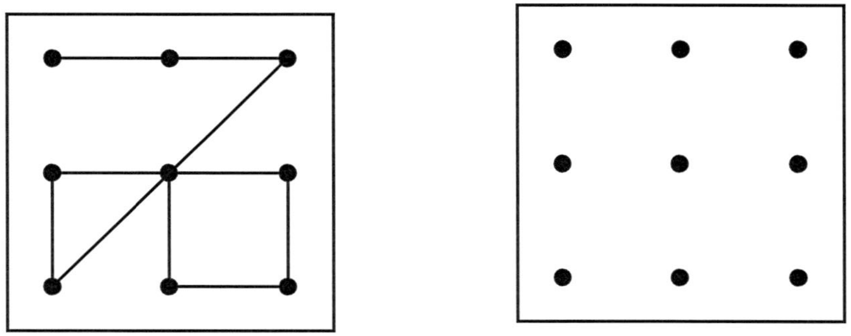

③

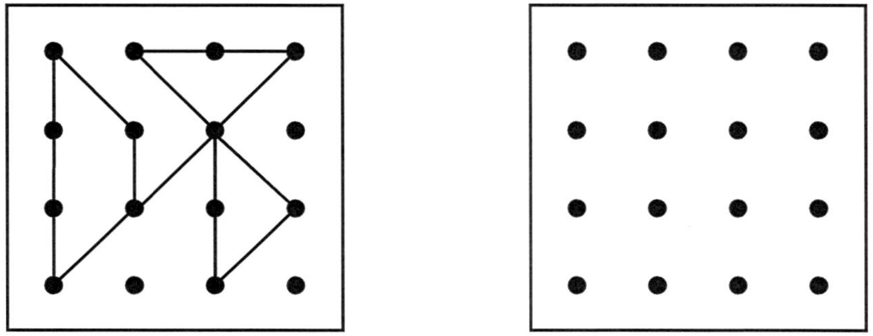

④

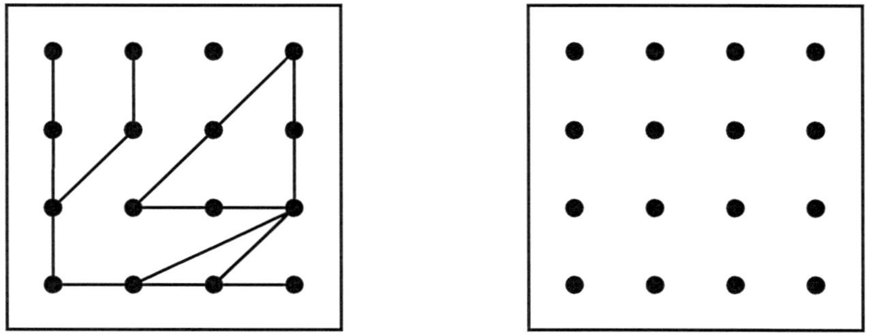

⑤

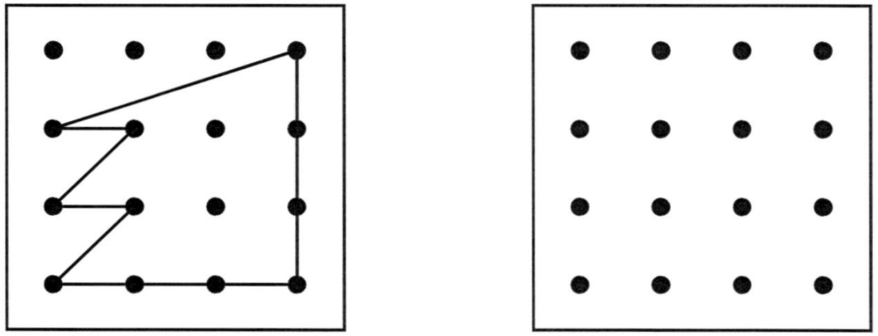

⑥

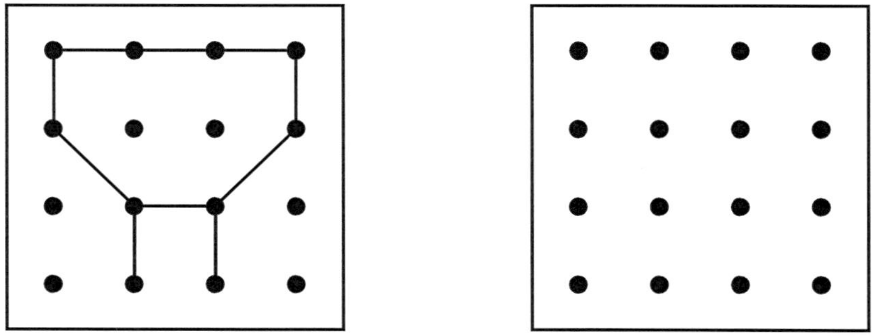

問題２５

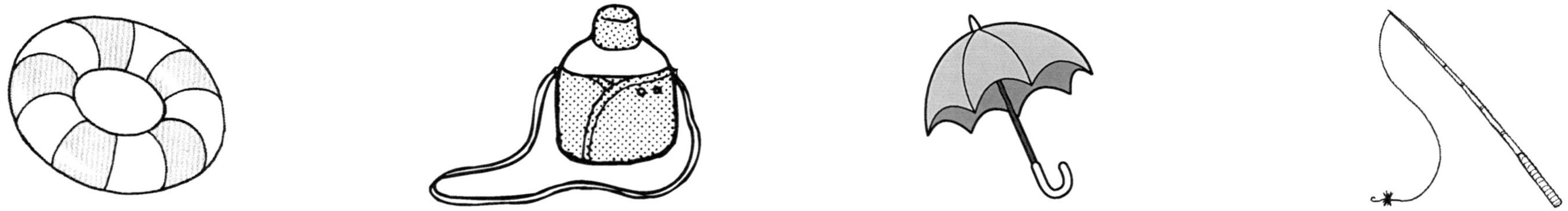

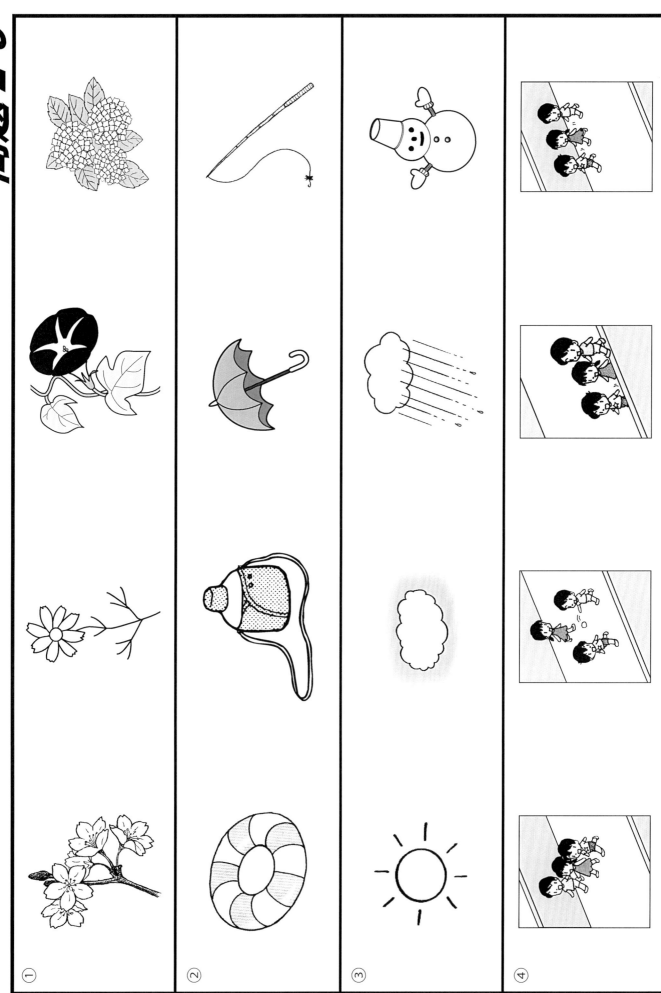

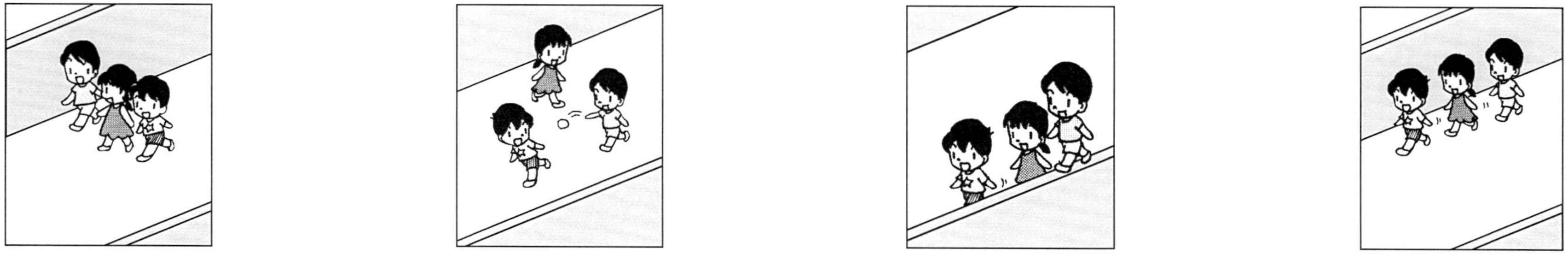

2021年度 附属天王寺 ステップアップ　無断複製／転載を禁ずる　日本学習図書株式会社

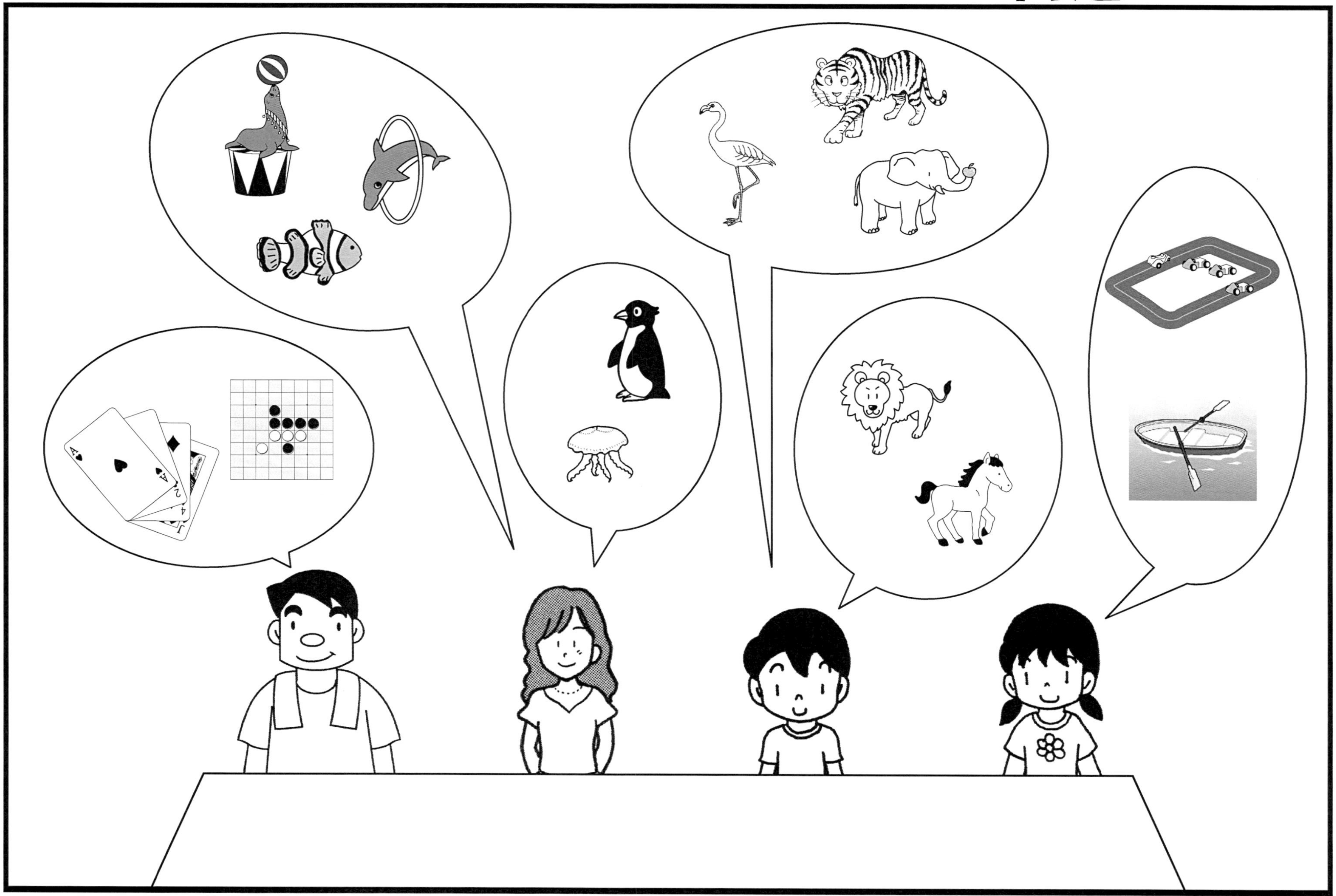

問題２６－２

①

②

③

④

2021年度 附属天王寺 ステップアップ　無断複製/転載を禁ずる　　　　日本学習図書株式会社

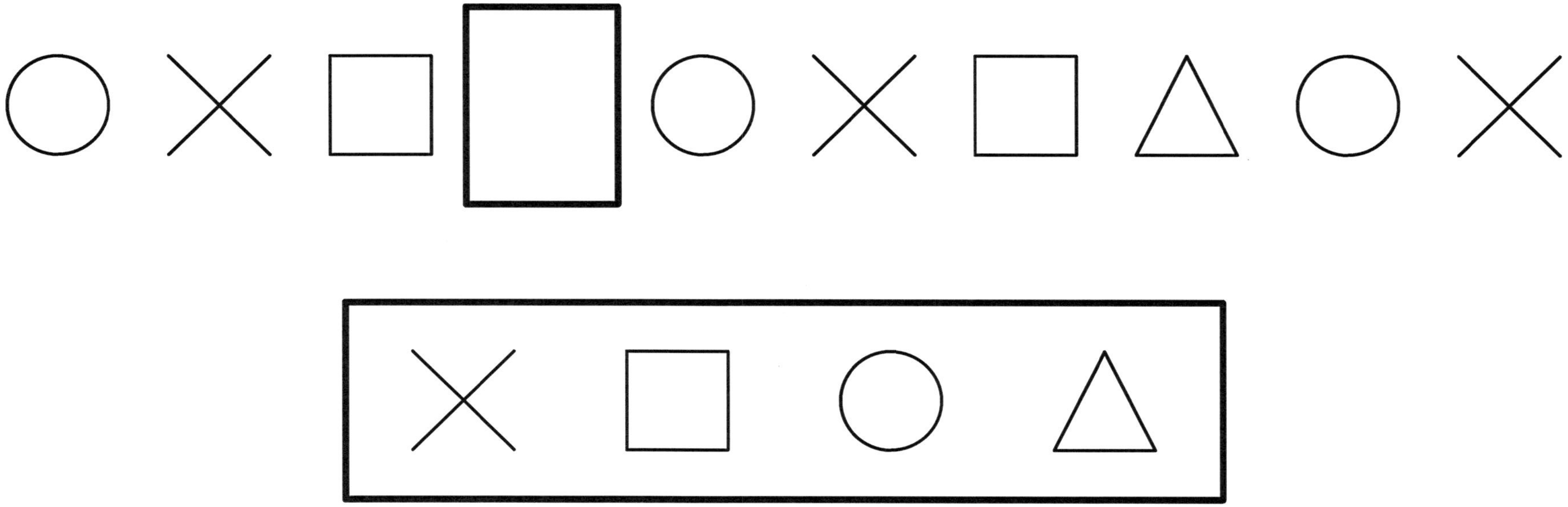

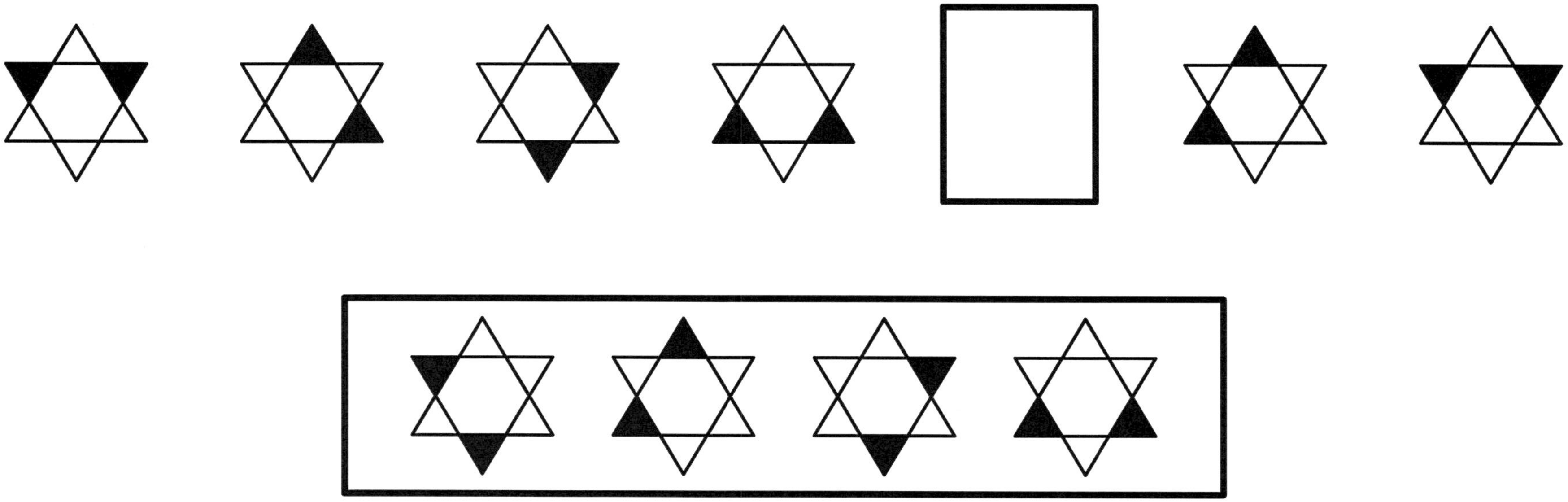

2021年度 附属天王寺 ステップアップ 無断複製／転載を禁ずる　日本学習図書株式会社

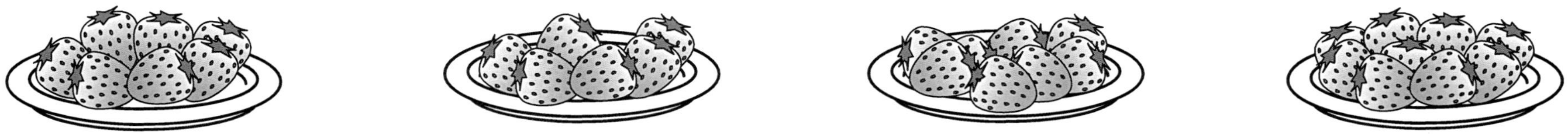

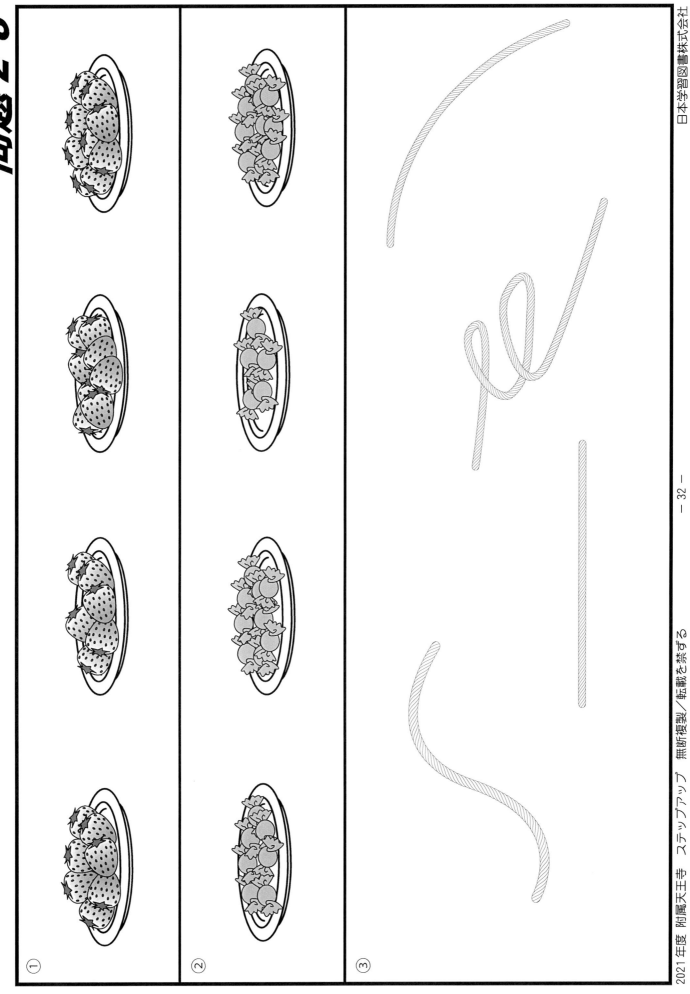

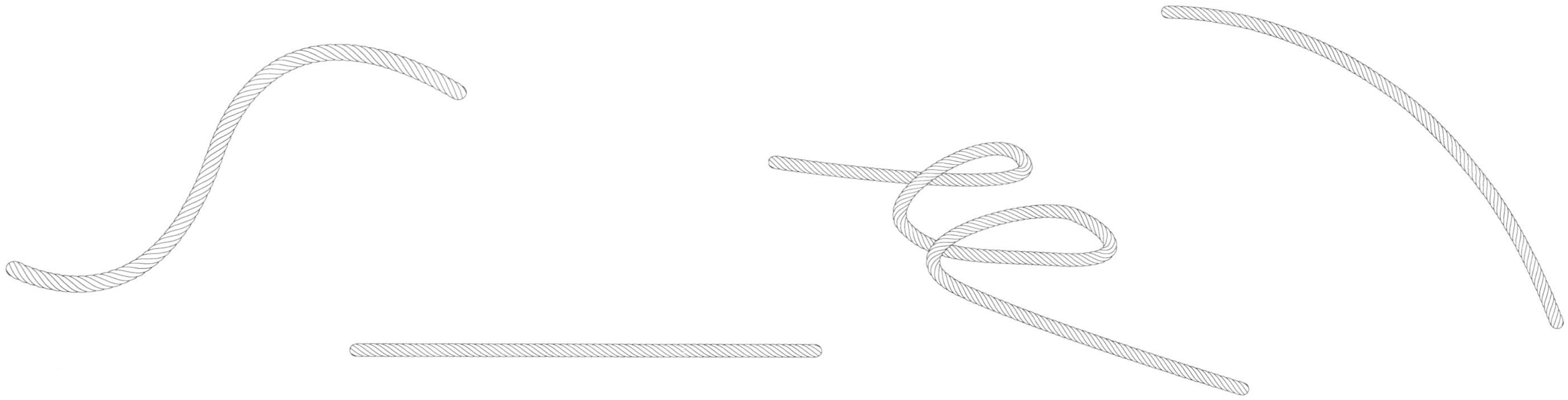

問題29

①

②

③

④

日本学習図書株式会社

2021年度 附属天王寺 ステップアップ　無断複製／転載を禁ずる

問題３０

①

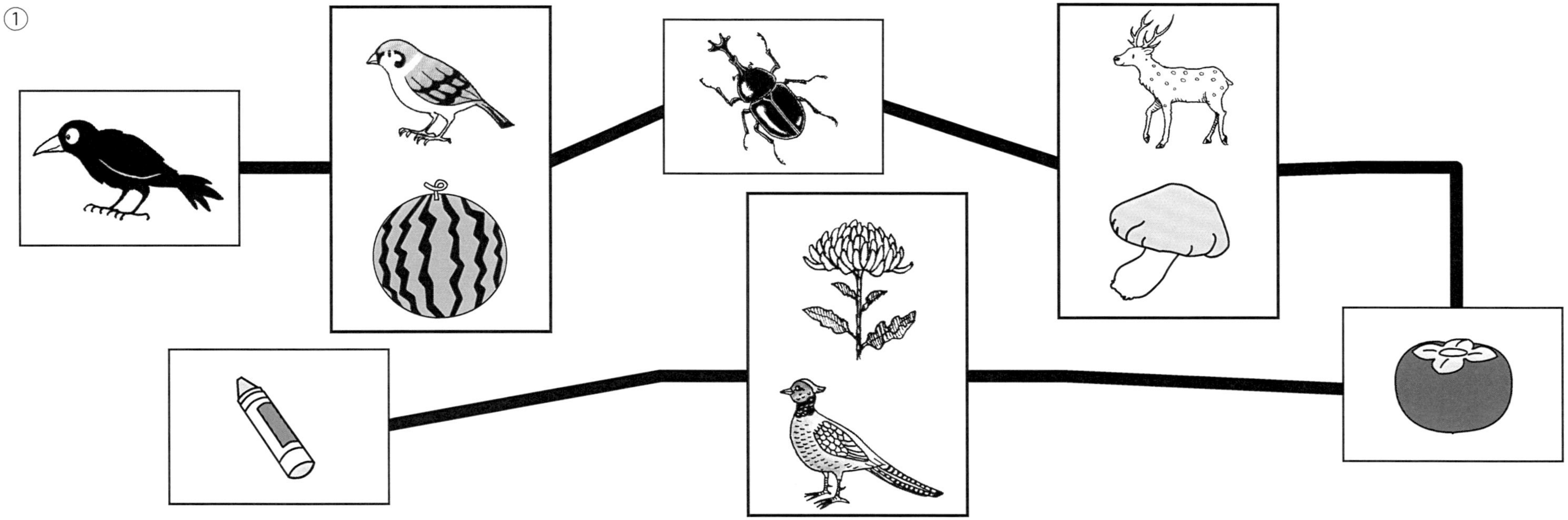

②

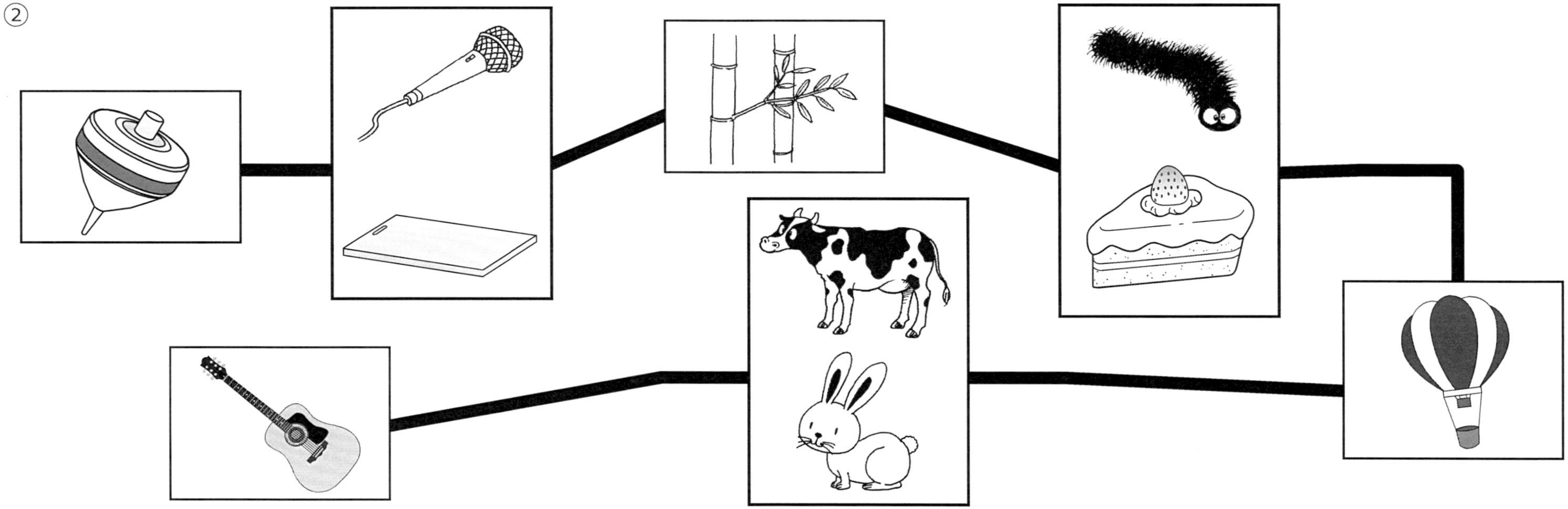

分野別 小学入試練習帳 ジュニアウォッチャー

1．点・線図形	小学校入試で出題頻度の高い『点・線図形』の模写を、難易度の低いものから段階別に幅広く練習することができるように構成。
2．座標	図形の位置模写という作業を、難易度の低いものから段階別に練習できるように構成。
3．パズル	様々なパズルの問題を難易度の低いものから段階別に練習できるように構成。
4．同図形探し	小学校入試で出題頻度の高い、同図形選びの問題を繰り返し練習できるように構成。
5．回転・展開	図形などを回転、または展開したとき、形がどのように変化するかを学習し、理解を深められるように構成。
6．系列	数、図形などの様々な系列問題を、難易度の低いものから段階別に練習できるように構成。
7．迷路	迷路の問題を繰り返し練習できるように構成。
8．対称	対称に関する問題を４つのテーマに分類し、各テーマごとに問題を段階別に練習できるように構成。
9．合成	図形の合成に関する問題を、難易度の低いものから段階別に練習できるように構成。
10．四方からの観察	もの（立体）を様々な角度から見て、どのように見えるかを推理する問題を段階別に整理し、１つの形式で複数の問題を練習できるように構成。
11．いろいろな仲間	ものや動物、植物の共通点を見つけ、分類していく問題を中心に構成。
12．日常生活	日常生活における様々な問題を６つのテーマに分類し、各テーマごとに一つの問題形式で複数の問題を練習できるように構成。
13．時間の流れ	『時間』に着目し、様々なものごとは、時間が経過するとどのように変化するのかということを学習し、理解できるように構成。
14．数える	様々なものを『数える』ことから、数の多少の判定やかけ算、わり算の基礎までを練習できるように構成。
15．比較	比較に関する問題を５つのテーマ（数、高さ、長さ、量、重さ）に分類し、各テーマごとに問題を段階別に練習できるように構成。
16．積み木	数える対象を積み木に限定した問題集。
17．言葉の音遊び	言葉の音に関する問題を５つのテーマに分類し、各テーマごとに問題を段階別に練習できるように構成。
18．いろいろな言葉	表現力をより豊かにするいろいろな言葉として、擬態語や擬声語、同音異義語、反意語、数詞を取り上げた問題集。
19．お話の記憶	お話を聴いてその内容を記憶、理解し、設問に答える形式の問題集。
20．見る記憶・聴く記憶	「見て憶える」「聴いて憶える」という『記憶』分野に特化した問題集。
21．お話作り	いくつかの絵を元にしてお話を作る練習をして、想像力を養うことができるように構成。
22．想像画	描かれてある形や景色に好きな絵を描くことにより、想像力を養うことができるように構成。
23．切る・貼る・塗る	小学校入試で出題頻度の高い、はさみやのりなどを用いた巧緻性の問題を繰り返し練習できるように構成。
24・絵画	小学校入試で出題頻度の高い、お絵かきやぬり絵などクレヨンやクーピーペンを用いた巧緻性の問題を繰り返し練習できるように構成。
25．生活巧緻性	小学校入試で出題頻度の高い日常生活の様々な場面における巧緻性の問題集。
26．文字・数字	ひらがなの清音、濁音、拗音、拗長音、促音と１～20までの数字に焦点を絞り、練習できるように構成。
27．理科	小学校入試で出題頻度が高くなりつつある理科の問題を集めた問題集。
28．運動	出題頻度の高い運動問題を種目別に分けて構成。
29．行動観察	項目ごとに問題提起をし、「このような時はどうか、あるいはどう対処するのか」の観点から問いかける形式の問題集。
30．生活習慣	学校から家庭に提起された問題と思って、一問一問絵を見ながら話し合い、考える形式の問題集。

31．推理思考	数、量、言語、常識（含理科、一般）など、諸々のジャンルから問題を構成し、近年の小学校入試問題傾向に沿って構成。
32．ブラックボックス	箱や筒の中を通ると、どのようなお約束でどのように変化するかを推理・思考する問題集。
33．シーソー	重さの違うものをシーソーに乗せた時どちらに傾くのか、またどうすればシーソーは釣り合うのかを思考する基礎的な問題集。
34．季節	様々な行事や植物などを季節別に分類できるように知識をつける問題集。
35．重ね図形	小学校入試で頻繁に出題されている「図形を重ね合わせてできる形」についての問題を集めました。
36．同数発見	様々な物を数え「同じ数」を発見し、数の多少の判断や数の認識の基礎を学べるように構成した問題集。
37．選んで数える	数の学習の基本となる、いろいろなものの数を正しく数える学習を行う問題集。
38．たし算・ひき算１	数字を使わず、たし算とひき算の基礎を身につけるための問題集。
39．たし算・ひき算２	数字を使わず、たし算とひき算の基礎を身につけるための問題集。
40．数を分ける	数を等しく分ける問題です。等しく分けたときに余りが出るものもあります。
41．数の構成	ある数がどのような数で構成されているか学んでいきます。
42．一対多の対応	一対一の対応から、一対多の対応まで、かけ算の考え方の基礎学習を行います。
43．数のやりとり	あげたり、もらったり、数の変化をしっかりと学びます。
44．見えない数	指定された条件から数を導き出します。
45．図形分割	図形の分割に関する問題集。パズルや合成の分野にも通じる様々な問題を集めました。
46．回転図形	「回転図形」に関する問題集。やさしい問題から始め、いくつかの代表的なパターンから、段階を踏んで学習できるよう編集されています。
47．座標の移動	「マス目の指示通りに移動する問題」と「指示された数だけ移動する問題」を収録。
48．鏡図形	鏡で左右反転させた時の見え方を考えます。平面図形から立体図形、文字、絵まで。
49．しりとり	すべての学習の基礎となる「言葉」を学ぶこと、特に「語彙」を増やすことに重点をおき、さまざまなタイプの「しりとり」問題を集めました。
50．観覧車	観覧車やメリーゴーラウンドなどを舞台にした「回転系列」の問題集。「推理思考」分野の問題ですが、要素として「図形」や「数量」も含みます。
51．運筆①	鉛筆の持ち方を学び、点線なぞり、お手本を見ながらの模写で、線を引く練習をします。
52．運筆②	運筆①からさらに発展し、「欠所補完」や「迷路」などを楽しみながら、より複雑な鉛筆運びを習得することを目指します。
53．四方からの観察 積み木編	積み木を使用した「四方からの観察」に関する問題を練習できるように構成。
54．図形の構成	見本の図形がどのような部分によって形づくられているかを考えます。
55．理科②	理科的知識に関する問題を集中して練習する「常識」分野の問題集。
56．マナーとルール	道路や駅、公共の場でのマナー、安全や衛生に関する常識を学べるように構成。
57．置き換え	さまざまな具体的・抽象的事象を記号で表す「置き換え」の問題を扱います。
58．比較②	長さ・高さ・体積・数などを数学的な知識を使わず、論理的に推測する「比較」の問題を練習できるように構成。
59．欠所補完	線と線のつながり、欠けた絵に当てはまるものなどを求める「欠所補完」に取り組める問題集です。
60．言葉の音（おん）	しりとり、決まった順番の音をつなげるなど、「言葉の音」に関する問題に取り組める練習問題集です。

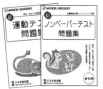

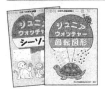

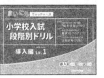

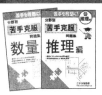

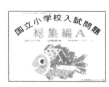

図書カード1000円分プレゼント

ご記入日　　年　月　日

☆国・私立小学校受験アンケート☆

※可能な範囲でご記入下さい。選択肢は○で囲んで下さい。

〈小学校名〉＿＿＿＿＿＿＿＿＿＿＿＿　〈お子さまの性別〉男・女　〈誕生月〉＿＿月

〈その他の受験校〉（複数回答可）＿＿＿＿＿＿＿＿＿＿＿＿＿＿＿＿＿＿＿＿

〈受験日〉①：＿＿月＿＿日〈時間〉＿＿時＿＿分　～　＿＿時＿＿分

②：＿＿月＿＿日〈時間〉＿＿時＿＿分　～　＿＿時＿＿分

〈受験者数〉男女計＿＿名（男子＿＿名　女子＿＿名）

〈お子さまの服装〉＿＿＿＿＿＿＿＿＿＿＿＿＿＿＿＿

〈入試全体の流れ〉（記入例）準備体操→行動観察→ペーパーテスト

＿＿＿＿＿＿＿＿＿＿＿＿＿＿＿＿＿＿＿＿＿＿＿＿

Eメールによる情報提供

日本学習図書では、Eメールでも入試情報を募集しております。

下記のアドレスに、アンケートの内容をご入力の上、メールをお送り下さい。

ojuken@nichigaku.jp

●行動観察　（例）好きなおもちゃで遊ぶ・グループで協力するゲームなど

〈実施日〉＿＿月＿＿日〈時間〉＿＿時＿＿分　～　＿＿時＿＿分〈着替え〉□有　□無

〈出題方法〉□肉声　□録音　□その他（　　　　　）〈お手本〉□有　□無

〈試験形態〉□個別　□集団（　　　人程度）

〈会場図〉

〈内容〉

□自由遊び

＿＿＿＿＿＿＿＿＿＿＿＿＿＿＿＿＿＿＿＿

□グループ活動

＿＿＿＿＿＿＿＿＿＿＿＿＿＿＿＿＿＿＿＿

□その他

＿＿＿＿＿＿＿＿＿＿＿＿＿＿＿＿＿＿＿＿

●運動テスト（有・無）　（例）跳び箱・チームでの競争など

〈実施日〉＿＿月＿＿日〈時間〉＿＿時＿＿分　～　＿＿時＿＿分〈着替え〉□有　□無

〈出題方法〉□肉声　□録音　□その他（　　　　　）〈お手本〉□有　□無

〈試験形態〉□個別　□集団（　　　人程度）

〈会場図〉

〈内容〉

□サーキット運動

□走り　□跳び箱　□平均台　□ゴム跳び

□マット運動　□ボール運動　□なわ跳び

□クマ歩き

□グループ活動＿＿＿＿＿＿＿＿＿＿＿＿＿＿

□その他＿＿＿＿＿＿＿＿＿＿＿＿＿＿＿＿

●知能テスト・口頭試問

〈実施日〉＿＿月＿＿日〈時間〉＿＿時＿＿分 ～ ＿＿時＿＿分〈お手本〉□有 □無

〈出題方法〉 □肉声 □録音 □その他（　　　　　）〈問題数〉＿＿枚 ＿＿問

分野	方法	内　容	詳 細・イ ラ ス ト
(例) お話の記憶	☑筆記 □口頭	動物たちが待ち合わせをする話	(あらすじ) 動物たちが待ち合わせをした。最初にウサギさんが来た。次にイヌくんが、その次にネコさんが来た。最後にタヌキくんが来た。 (問題・イラスト) ３番目に来た動物は誰か 
お話の記憶	□筆記 □口頭		(あらすじ) (問題・イラスト)
図形	□筆記 □口頭		
言語	□筆記 □口頭		
常識	□筆記 □口頭		
数量	□筆記 □口頭		
推理	□筆記 □口頭		
その他	□筆記 □口頭		

●制作　（例）ぬり絵・お絵かき・工作遊びなど

〈実施日〉＿＿月＿＿日　**〈時間〉**＿＿時＿＿分　～　＿＿時＿＿分

〈出題方法〉　□肉声　□録音　□その他（　　　　　　）　**〈お手本〉**□有　□無

〈試験形態〉　□個別　□集団（　　　　人程度）

材料・道具	制作内容
□ハサミ □のり（□つぼ　□液体　□スティック） □セロハンテープ □鉛筆　□クレヨン（　色） □クーピーペン（　色） □サインペン（　色）□ □画用紙（□ A4　□ B4　□ A3 　　　□その他：　　　　　） □折り紙　□新聞紙　□粘土 □その他（　　　　　　　）	□切る　□貼る　□塗る　□ちぎる　□結ぶ　□描く　□その他（　　　　　　　） タイトル：＿＿＿＿＿＿＿＿＿＿

●面接

〈実施日〉＿＿月＿＿日　**〈時間〉**＿＿時＿＿分　～　＿＿時＿＿分　**〈面接担当者〉**＿＿＿名

〈試験形態〉□志願者のみ（　　）名　□保護者のみ　□親子同時　□親子別々

〈質問内容〉

※試験会場の様子をご記入下さい。

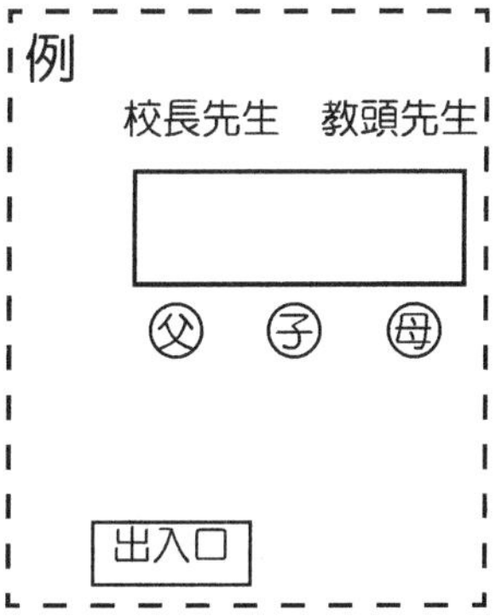

□志望動機　□お子さまの様子

□家庭の教育方針

□志望校についての知識・理解

□その他（　　　　　　　　　　　　）

（　詳　細　）

・

・

・

・

●保護者作文・アンケートの提出（有・無）

〈提出日〉　□面接直前　□出願時　□志願者考査中　□その他（　　　　　　　　　　）

〈下書き〉　□有　□無

〈アンケート内容〉

（記入例）当校を志望した理由はなんですか（150 字）

●説明会（□有　□無）〈開催日〉　　月　　日〈時間〉　　時　　分　～　　時　　分
〈上履き〉　□要　□不要　〈願書配布〉　□有　□無　〈校舎見学〉　□有　□無
〈ご感想〉

●参加された学校行事（複数回答可）
公開授業〈開催日〉　　月　　日〈時間〉　　時　　分　～　　時　　分
運動会など〈開催日〉　　月　　日〈時間〉　　時　　分　～　　時　　分
学習発表会・音楽会など〈開催日〉　　月　　日〈時間〉　　時　　分　～　　時　　分
〈ご感想〉
※是非参加したほうがよいと感じた行事について

●受験を終えてのご感想、今後受験される方へのアドバイス
※対策学習（重点的に学習しておいた方がよい分野）、当日準備しておいたほうがよい物など

＊＊＊＊＊＊＊＊＊＊＊＊＊　ご記入ありがとうございました　＊＊＊＊＊＊＊＊＊＊＊＊＊

必要事項をご記入の上、ポストにご投函ください。

なお、本アンケートの送付期限は入試終了後３ヶ月とさせていただきます。また、入試に関する情報の記入量が当社の基準に満たない場合、謝礼の送付ができないことがございます。あらかじめご了承ください。

ご住所：〒

お名前：　　メール：

ＴＥＬ：　　ＦＡＸ：

アンケートのご記入
ありがとうございました

ご記入頂いた個人に関する情報は、当社にて厳重に管理致します。弊社の個人情報取り扱いに関する詳細は、www.nichigaku.jp/policy.php の「個人情報の取り扱い」をご覧下さい。